2016 住民行政の窓号外

窓口実務必携！
住民基本台帳法・マイナンバー法関係法令三段表

編集協力　市町村自治研究会

日本加除出版株式会社

刊行にあたり

平成二七年一〇月から住民一人一人にマイナンバー（通知カード）が各市区町村から全国民に通知され、平成二八年一月からは、本格的にマイナンバー制度が導入されました。

各市区町村の担当各窓口におかれましては、今後、マイナンバーカード（個人番号カード）の申請・交付等の業務をはじめとするマイナンバー制度関連の運用等について、より一層重要度が増し、ご多忙を極めておられるかと存じます。

さて、マイナンバー制度を導入するにあたり、平成二五年に公布された「行政手続における特定の個人を識別するための番号の利用等に関する法律」（平成二五年法律第二七号）（以下「番号法」）が、平成二七年一〇月より施行され、その後、平成二八年四月一日現在までの間に改正・施行が複数回ありました。また、住民基本台帳法（以下「住基法」）の改正につきましても、番号法と同様に改正・施行が重ねられました。

このような状況を踏まえ、本書において、住基法、住基法施行令、住基法施行規則の各条文、また、番号法、番号法施行令、番号法施行規則・番号法総務省令の各条文をそれぞれ整理・関連付けを行い、関係法令三段表としてまとめることといたしました。なお、本書の内容につきましては、平成二八年四月一日現在のものとなっています。

この「二〇一六 住民行政の窓号外」が、住民基本台帳事務に携わられておられる各地方公共団体関係者の皆様をはじめ、マイナンバー制度に携われる担当者の皆様、事業者の皆様、また、制度に関心をもたれておられる方々にとって、利便性を供する必携の書としてお役に立つことを願ってやみません。

平成二八年四月

市町村自治研究会

目次

住民基本台帳法三段表

住民基本台帳法三段表

※移動…法律・政令の根拠条文と省令の規定の順序がずれるもの。

住民基本台帳法	住民基本台帳法施行令	住民基本台帳法施行規則
目次 **第一章**　総則（第一条―第四条） **第二章**　住民基本台帳（第五条―第十五条） **第三章**　戸籍の附票（第十六条―第二十条） **第四章**　届出（第二十一条―第三十条） **第四章の二**　本人確認情報の処理及び利用等 **第一節**　住民票コード（第三十条の二―第三十条の五） **第二節**　本人確認情報の通知及び保存等（第三十条の六―第三十条の八） **第三節**　本人確認情報の提供及び利用等（第三十条の九―第三十条の二十三） **第四節**　本人確認情報の保護（第三十条の二十四―第三十条の四十四） **第四章の三**　外国人住民に関する特例（第三十条の四十五―第三十条の五十一）	目次 **第一章**　総則（第一条） **第二章**　住民基本台帳（第二条―第十七条） **第三章**　戸籍の附票（第十八条―第二十一条） **第四章**　届出（第二十二条―第三十条） **第四章の二**　本人確認情報の処理及び利用等（第三十条の二―第三十条の二十四） **第四章の三**　外国人住民に関する特例（第三十条の二十五―第三十条の三十一）	

第五章　雑則（第三十一条―第四十一条）

第六章　罰則（第四十二条―第五十三条）

附則

第一章　総則

（目的）

第一条　この法律は、市町村（特別区を含む。以下同じ。）において、住民の居住関係の公証、選挙人名簿の登録その他の住民に関する事務の処理の基礎とするとともに住民の住所に関する届出等の簡素化を図り、あわせて住民に関する記録の適正な管理を図るため、住民に関する記録を正確かつ統一的に行う住民基本台帳の制度を定め、もつて住民の利便を増進するとともに、国及び地方公共団体の行政の合理化に資することを目的とする。

（国及び都道府県の責務）

第二条　国及び都道府県は、市町村の住民の住所又は世帯若しくは世帯主の変更及びこれらに伴う住民の権利又は義務の異動その他の住民としての地位の

第五章　雑則（第三十一条―第三十五条）

附則

第一章　総則

（定義）

第一条　この政令において、「個人番号」、「国民健康保険の被保険者」、「後期高齢者医療の被保険者」、「介護保険の被保険者」、「国民年金の被保険者」、「児童手当の支給を受けている者」、「住民票コード」、「転入」、「転居」、「転出」、「外国人住民」、「中長期在留者」、「特別永住者」、「一時庇護許可者」、「仮滞在許可者」、「出生による経過滞在者」又は「国籍喪失による経過滞在者」とは、それぞれ住民基本台帳法（以下「法」という。）第七条第八号の二、第十号から第十一号の二まで若しくは第十三号、法第二十二条第一項、法第二十三条、法第二十四条又は法第三十条の四十五に規定する個人番号、国民健康保険の被保険者、後期高齢者医療の被保険者、介護保険の被保険者、国民

変更に関する市町村長（特別区の区長を含む。以下同じ。）その他の市町村の執行機関に対する届出その他の行為（次条第三項及び第二十一条において「住民としての地位の変更に関する届出」と総称する。）がすべて一の行為により行われ、かつ、住民に関する事務の処理がすべて住民基本台帳に基づいて行われるように、法制上その他必要な措置を講じなければならない。

（市町村長等の責務）

第三条　市町村長は、常に、住民基本台帳を整備し、住民に関する正確な記録が行われるように努めるとともに、住民に関する記録の管理が適正に行われるように必要な措置を講ずるよう努めなければならない。

2　市町村長その他の市町村の執行機関は、住民基本台帳に基づいて住民に関する事務を管理し、又は執行するとともに、住民からの届出その他の行為に関する事務の処理の合理化に努めなければならない。

3　住民は、常に、住民としての地位の変更に関する届出を正確に行なうように努めなければならず、虚偽の届出その他住民基本台帳の正確性を阻害する

年金の被保険者、児童手当の支給を受けている者、住民票コード、転入、転居、転出、外国人住民、中長期在留者、特別永住者、一時庇護許可者、仮滞在許可者、出生による経過滞在者又は国籍喪失による経過滞在者をいう。

ような行為をしてはならない。

4　何人も、第十一条第一項に規定する住民基本台帳の一部の写しの閲覧又は住民票の写し、住民票に記載をした事項に関する証明書、戸籍の附票の写しその他のこの法律の規定により交付される書類の交付により知り得た事項を使用するに当たつて、個人の基本的人権を尊重するよう努めなければならない。

（住民の住所に関する法令の規定の解釈）

第四条　住民の住所に関する法令の規定は、地方自治法（昭和二十二年法律第六十七号）第十条第一項に規定する住民の住所と異なる意義の住所を定めるものと解釈してはならない。

第二章　住民基本台帳

（住民基本台帳の備付け）

第五条　市町村は、住民基本台帳を備え、その住民につき、第七条及び第三十条の四十五の規定により記載をすべきものとされる事項を記録するものとする。

（住民基本台帳の作成）

第二章　住民基本台帳

第六条　市町村長は、個人を単位とする住民票を世帯ごとに編成して、住民基本台帳を作成しなければならない。

2　市町村長は、適当であると認めるときは、前項の住民票の全部又は一部につき世帯を単位とすることができる。

3　市町村長は、政令で定めるところにより、第一項の住民票を磁気ディスク（これに準ずる方法により一定の事項を確実に記録しておくことができる物を含む。以下同じ。）をもつて調製することができる。

（住民票の記載事項）

第七条　住民票には、次に掲げる事項について記載（前条第三項の規定により磁気ディスクをもつて調製する住民票にあつては、記録。以下同じ。）をする。

一　氏名

二　出生の年月日

三　男女の別

四　世帯主についてはその旨、世帯主でない者については世帯主の氏名及び世帯主との続柄

五　戸籍の表示。ただし、本籍のない者及び本籍の明らかでない者については、その旨

（住民票を磁気ディスクをもつて調製する場合の方法及び基準）

第二条　市町村長（特別区の区長を含む。以下同じ。）は、法第六条第三項の規定により住民票を磁気ディスク（これに準ずる方法により一定の事項を確実に記録しておくことができる物を含む。以下同じ。）をもつて調製する場合には、電子計算機（入出力装置を含む。以下同じ。）（電子計算機による方法に準ずる方法により一定の事項を確実に記録しておくことができる機器を含む。以下同じ。）の操作によるものとし、磁気ディスクへの記録、その利用並びに磁気ディスク及びこれに関連する施設又は設備の管理の方法に関する技術的基準については、総務大臣が定める。

六　住民となつた年月日
七　住所及び一の市町村の区域内において新たに住所を変更した者については、その住所を定めた年月日
八　新たに市町村の区域内に住所を定めた者については、その住所を定めた旨の届出の年月日（職権で住民票の記載をした者については、その年月日）及び従前の住所
八の二　個人番号（行政手続における特定の個人を識別するための番号の利用等に関する法律（平成二十五年法律第二十七号。以下「番号利用法」という。）第二条第五項に規定する個人番号をいう。以下同じ。）
九　選挙人名簿に登録された者については、その旨
十　国民健康保険の被保険者（国民健康保険法（昭和三十三年法律第百九十二号）第五条及び第六条の規定による国民健康保険の被保険者をいう。第二十八条及び第三十一条第三項において同じ。）である者については、その資格に関する事項で政令で定めるもの
十の二　後期高齢者医療の被保険者（高齢者の医療の確保に関する法律（昭和五十七年法律第八十号）第五

（国民健康保険の被保険者の資格に関する住民票の記載事項）

第三条　法第七条第十号に規定する国民健康保険の被保険者の資格に関する事項で政令で定めるものは、その資格を取得し、又は喪失した年月日とする。

（後期高齢者医療の被保険者の資格に関する住民票の記載事項）

第三条の二　法第七条第十号の二に規定

十条及び第五十一条の規定による後期高齢者医療の被保険者をいう。第二十八条の二及び第三十一条第三項において同じ。）である者については、その資格に関する事項で政令で定めるもの

十の三　介護保険の被保険者（介護保険法（平成九年法律第百二十三号）第九条の規定による介護保険の被保険者（同条第二号に規定する第二号被保険者を除く。）をいう。第二十八条の三及び第三十一条第三項において同じ。）である者については、その資格に関する事項で政令で定めるもの

十一　国民年金の被保険者（国民年金法（昭和三十四年法律第百四十一号）第七条その他政令で定める法令の規定による国民年金の被保険者（同条第一項第二号に規定する第二号被保険者及び同項第三号に規定する第三号被保険者を除く。）をいう。第二十九条及び第三十一条第三項において同じ。）である者については、その資格に関する事項で政令で定めるもの

する後期高齢者医療の被保険者の資格に関する事項で政令で定めるものは、その資格を取得し、又は喪失した年月日とする。

（介護保険の被保険者の資格に関する住民票の記載事項）

第三条の三　法第七条第十号の三に規定する介護保険の被保険者の資格に関する事項で政令で定めるものは、介護保険の被保険者となり、又は介護保険の被保険者でなくなつた年月日とする。

（国民年金の被保険者の範囲に関する法令の規定）

第四条　法第七条第十一号に規定する政令で定める法令の規定は、国民年金法（昭和三十四年法律第百四十一号）附則第五条の規定とする。

（国民年金の被保険者の資格に関する住民票の記載事項）

第五条　法第七条第十一号に規定する国民年金の被保険者の資格に関する事項で政令で定めるものは、次に掲げる事項とする。

十一の二　児童手当の支給を受けている者（児童手当法（昭和四十六年法律第七十三号）第七条の規定により認定を受けた受給資格者（同条第二項に規定する施設等受給資格者にあつては、同項第二号に掲げる里親に限る。）をいう。第二十九条の二及び第三十一条第三項において同じ。）については、その受給資格に関する事項で政令で定めるもの

十二　米穀の配給を受ける者（主要食糧の需給及び価格の安定に関する法律（平成六年法律第百十三号）第四十条第一項の規定に基づく政令の規

一　国民年金の被保険者となり、又は国民年金の被保険者でなくなつた年月日

二　国民年金の被保険者の種別（国民年金法第七条第一項第一号に規定する第一号被保険者又は前条に規定する法令の規定による国民年金の被保険者のいずれであるかの区別をいう。以下同じ。）及びその変更があつた年月日

三　基礎年金番号（国民年金法第十四条に規定する基礎年金番号をいう。以下同じ。）

（児童手当の支給を受けている者の受給資格に関する住民票の記載事項）

第六条　法第七条第十一号の二に規定する児童手当の支給を受けている者の受給資格に関する事項で政令で定めるものは、児童手当の支給が始まり、又は終わつた年月とする。

定により米穀の配給が実施される場合におけるその配給に基づき米穀の配給を受ける者で政令で定めるものをいう。第三十条及び第三十一条第三項において同じ。）については、その米穀の配給に関する事項で**政令で定めるもの**

十三　住民票コード（番号、記号その他の符号であつて総務省令で定めるものをいう。以下同じ。）

十四　前各号に掲げる事項のほか、政令で定める事項

（法第七条第十四号の政令で定める事項）

第六条の二　法第七条第十四号に規定する政令で定める事項は、住民の福祉の増進に資する事項のうち、市町村長が住民に関する事務を管理し及び執行するために住民票に記載することが必要であると認めるものとする。

（住民票コード）

第一条　住民基本台帳法（昭和四十二年法律第八十一号。以下「法」という。）第七条第十三号に規定する住民票コードは、次に掲げる数字をその順序により組み合わせて定めるものとする。

一　無作為に作成された十けたの数字

二　一けたの検査数字（住民票コードを電子計算機に入力するときの誤りを検出することを目的として、総務大臣が定める算式により算出される数字をいう。）

（住民票の記載等）

第八条 住民票の記載、消除又は記載の修正（第十八条を除き、以下「記載等」という。）は、第三十条の三第一項及び第二項、第三十条の四第三項並びに第三十条の五の規定によるほか、政令で定めるところにより、第四章若しくは第四章の三の規定による届出に基づき、又は職権で行うものとする。

（住民票の記載等のための市町村長間の通知）

第九条 市町村長は、他の市町村から当該市町村の区域内に住所を変更した者につき住民票の記載をしたときは、遅滞なく、その旨を当該他の市町村の市町村長に通知しなければならない。

2 市町村長は、その市町村の住民以外

（外国人住民に係る住民票の記載事項の特例） 移動

第三十条の二十五 外国人住民に係る住民票の法第七条第十四号に規定する政令で定める事項は、第六条の二に定めるもののほか、次に掲げる事項とする。

一 次条第一項に規定する通称

二 第三十条の二十七第一項に規定する通称の記載及び削除に関する事項

（住民票の記載）

第七条 市町村長は、新たに市町村の区域内に住所を定めた者その他新たにその市町村の住民基本台帳に記録されるべき者があるときは、次項に定める場合を除き、その者の住民票を作成しなければならない。

2 市町村長は、一の世帯につき世帯を単位とする住民票を作成した後に新たにその市町村の住民基本台帳に記録されるべき者でその世帯に属することとなつたもの（既に当該世帯に属していた者で新たに法の適用を受けることとなつたものを含む。）があるときは、その住民票にその者に関する記載（法第六条第三項の規定により磁気ディスクをもつて調製する住民票にあつては、記録。以下同じ。）をしなければならの者について戸籍に関する届書、申請書その他の書類を受理し、又は職権で戸籍の記載若しくは記録をした場合において、その者の住所地で住民票の記載等をすべきときは、遅滞なく、当該記載等をすべき事項をその住所地の市町村長に通知しなければならない。

3　第一項の規定による通知は、総務省令で定めるところにより、市町村長の使用に係る電子計算機（入出力装置を含む。以下同じ。）から電気通信回線を通じて相手方である他の市町村の市町村長の使用に係る電子計算機に送信することによつて行うものとする。ただし、総務省令で定める場合にあつては、この限りでない。

（選挙人名簿の登録等に関する選挙管理委員会の通知）

第十条　市町村の選挙管理委員会は、公職選挙法（昭和二十五年法律第百号）第二十二条第一項若しくは第二項若しくは第二十六条の規定により選挙人名簿に登録したとき、又は同法第二十八条の規定により選挙人名簿から抹（ま）つ）消したときは、遅滞なく、その旨を当該市町村の市町村長に通知しなければならない。

ない。

（住民票の消除）

第八条　市町村長は、その市町村の住民基本台帳に記録されている者が転出をし、又は死亡したときその他その者についてその市町村の住民基本台帳の記録から除くべき事由が生じたときは、その者の住民票（その者が属していた世帯について世帯を単位とする住民票が作成されていた場合にあつては、その住民票の全部又は一部）を消除しなければならない。

（日本の国籍の取得又は喪失による住民票の記載及び消除）

第八条の二　市町村長は、その市町村の住民基本台帳に記録されている日本の国籍を有しない者が日本の国籍の取得をしたときは、その者の法第七条各号に掲げる事項を記載した住民票（次項において「日本人住民としての住民票」という。）を作成し、又はその属する世帯の住民票にその者に関する同条各号に掲げる事項の記載をするとともに、その者の法第三十条の四十五の規定により記載をするものとされる事項を記載した住民票（次項において

（転入通知の方法）

第二条　法第九条第三項の規定による通知は、電子計算機（入出力装置を含む。以下同じ。）（電子計算機による方法に準ずる方法により一定の事項を確実に記録しておくことができる機器を含む。以下同じ。）の操作によるものとし、電気通信回線を通じた送信の方法に関する技術的基準については、総務大臣が定める。

2　法第九条第三項に規定する総務省令で定める場合は、電気通信回線の故障その他の事由により電気通信回線を通じた送信ができない場合とする。

「外国人住民としての住民票」という。）（その者が属する世帯について世帯を単位とする住民票が作成されている場合にあつては、その住民票の全部又は一部）の消除をしなければならない。

2　市町村長は、その市町村の住民基本台帳に記録されている日本の国籍を有する者が日本の国籍を失つたときは、その者の外国人住民としての住民票を作成し、又はその属する世帯の住民票にその者に関する法第三十条の四十五の規定により記載をするものとされる事項の記載をするとともに、その者の日本人住民としての住民票（その者が属する世帯について世帯を単位とする住民票が作成されている場合にあつては、その住民票の全部又は一部）の消除をしなければならない。

（住民票の記載の修正）

第九条　市町村長は、住民票に記載されている事項（住民票コードを除く。）に変更があつたときは、その住民票の記載の修正をしなければならない。

（転居又は世帯変更による住民票の記載及び消除）

第十条　市町村長は、転居をし、又はその市町村の区域内においてその属する世帯を変更した者がある場合において、前条の規定によるほか必要があるときは、その者の住民票を作成し、又はその属することとなつた世帯の住民票にその者に関する記載をするとともに、その者の住民票（その者が属していた世帯について世帯を単位とする住民票が作成されていた場合にあつては、その住民票の全部又は一部）の消除をしなければならない。

（届出に基づく住民票の記載等）

第十一条　市町村長は、法第四章又は法第四章の三の規定による届出があつたときは、当該届出の内容が事実であるかどうかを審査して、第七条から前条までの規定による住民票の記載、消除又は記載の修正（以下「記載等」という。）を行わなければならない。

（職権による住民票の記載等）

第十二条　市町村長は、法第四章又は法第四章の三の規定による届出に基づき住民票の記載等をすべき場合において、当該届出がないことを知つたときは、当該記載等をすべき事実を確認して、職権で、第七条から第十条までの規定による住民票の記載等をしなければならない。

2　市町村長は、次に掲げる場合において、第七条から第十条までの規定により住民票の記載等をすべき事由に該当するときは、職権で、これらの規定による住民票の記載等をしなければならない。

一　戸籍に関する届書、申請書その他の書類を受理し、若しくは職権で戸籍の記載若しくは記録をしたとき、又は法第九条第二項の規定による通知を受けたとき。

一の二　行政手続における特定の個人を識別するための番号の利用等に関する法律（平成二十五年法律第二十七号。第二十四条の二第一項第三号及び第二項第三号において「番号利用法」という。）第七条第一項又は第二項の規定による個人番号の指定をしたとき。

二　法第十条の規定による通知を受けたとき。

三　国民健康保険法（昭和三十三年法律第百九十二号）第九条第一項又は第九項の規定による届出を受理したとき（同条第十四項の規定により届

出があつたものとみなされるときを除く。）その他国民健康保険の被保険者の資格の取得又は喪失に関する事実を確認したとき。

三の二　後期高齢者医療の被保険者の資格の取得又は喪失に関する事実を確認したとき。

三の三　介護保険法（平成九年法律第百二十三号）第十二条第一項本文の規定による届出を受理したとき（同条第五項の規定により届出があつたものとみなされるときを除く。）その他介護保険の被保険者となり、又は介護保険の被保険者でなくなつた事実を確認したとき。

四　国民年金法第十二条第一項若しくは第二項又は同法第百五条第四項の規定による届出を受理したとき（同法第十二条第三項の規定により届出があつたものとみなされるときを除く。）、国民年金の被保険者の資格に関する処分があつたときその他国民年金の被保険者となり、若しくは国民年金の被保険者でなくなつた事実又は国民年金の被保険者の種別の変更に関する事実を確認したとき。

五　児童手当法（昭和四十六年法律第七十三号）第七条の規定による認定

をしたとき、又は児童手当を支給すべき事由の消滅に関する事実を確認したとき。

六　次に掲げる不服申立てについての裁決若しくは決定その他決定又は訴訟の判決の内容が住民基本台帳の記録と異なるとき。

イ　法の規定により市町村長がした処分に係る審査請求についての裁決又は当該処分についての訴訟の確定判決

ロ　法第三十三条第二項の規定による住民の住所の認定に関する決定又は同条第四項の規定による訴訟の確定判決

ハ　公職選挙法（昭和二十五年法律第百号）第二十四条第二項の規定による異議の申出についての決定又は同法第二十五条の規定による訴訟の確定判決

ニ　地方税法（昭和二十五年法律第二百二十六号）第十九条に規定する審査請求についての裁決又は同条の処分についての訴訟の確定判決

ホ　国民健康保険法第九十一条第一項の規定による審査請求についての裁決又は同項の処分についての

訴訟の確定判決

ヘ　高齢者の医療の確保に関する法律（昭和五十七年法律第八十号）第百二十八条第一項の規定による審査請求についての裁決又は同項の処分についての訴訟の確定判決

ト　介護保険法第百八十三条第一項の規定による審査請求についての裁決又は同項の処分についての訴訟の確定判決

チ　国民年金法第百一条第一項の規定による審査請求についての決定若しくは再審査請求についての裁決又は同項の処分についての訴訟の確定判決

七　行政区画、郡、区、市町村内の町若しくは字若しくはこれらの名称の変更、地番の変更又は住居表示に関する法律（昭和三十七年法律第百十九号）第三条第一項及び第二項若しくは同法第四条の規定による住居表示の実施若しくは変更に伴い住所の表示の変更があつたとき。

3　市町村長は、住民基本台帳に脱漏若しくは誤載があり、又は住民票に誤記（住民票コードに係る誤記を除く。）若しくは記載漏れ（住民票コードに係る記載漏れを除く。）があることを知つたときは、当該事実を確認して、職権で、住民票の記載等をしなければならない。

4　市町村長は、第一項の規定により住民票の記載等をしたときは、その旨を当該記載等に係る者に通知しなければならない。この場合において、通知を受けるべき者の住所及び居所が明らかでないときその他通知をすることが困難であると認めるときは、その通知に代えて、その旨を公示することができる。

（住民票を消除する場合の手続）

第十三条　市町村長は、住民票を消除する場合には、その事由（転出の場合にあつては、転出により消除した旨及び転出先の住所）及びその事由の生じた年月日（法第二十四条の規定による届出（以下「転出届」という。）に基づき住民票を消除する場合にあつては、転出の予定年月日）をその住民票に記載しなければならない。

2　法第九条第一項の規定による通知を受けた市町村長は、当該通知に係る消除された住民票に転出をした旨を記載するとともに、前項の規定により記載された転出先の住所が当該通知に係る

（国又は地方公共団体の機関の請求による住民基本台帳の一部の写しの閲覧）

第十一条　国又は地方公共団体の機関は、法令で定める事務の遂行のために必要である場合には、市町村長に対し、当該市町村が備える住民基本台帳のうち第七条第一号から第三号まで及び第七号に掲げる事項（同号に掲げる事項については、住所とする。以下この項において同じ。）に係る部分の写し（第六条第三項の規定により磁気ディスクをもつて住民票を調製することにより

書面に記載された住所と異なるときは、当該記載された転出先の住所を訂正しなければならない。

3　法第九条第一項の規定による通知を受けた市町村長は、その旨を都道府県知事に通知しなければならない。

4　前項の規定による通知は、総務省令で定めるところにより、市町村長の使用に係る電子計算機から電気通信回線を通じて都道府県知事の使用に係る電子計算機に送信することによつて行うものとする。

（住民基本台帳の一部の写しの作成等）

第十四条　市町村長は、法第十一条第一項に規定する住民基本台帳の一部の写しを作成するとともに、その内容に変更を生じたときは、市町村長の定めるところにより、これを速やかに改製し、又は修正しなければならない。

（住民票を消除する場合の通知の方法）

第三条　住民基本台帳法施行令（昭和四十二年政令第二百九十二号。以下「令」という。）第十三条第四項の規定による通知は、電子計算機の操作によるものとし、電気通信回線を通じた送信の方法に関する技術的基準については、総務大臣が定める。

住民基本台帳を作成している市町村にあつては、当該住民基本台帳に記録されている事項のうち第七条第一号から第三号まで及び第七号に掲げる事項を記載した書類。以下この条、次条及び第五十条において「住民基本台帳の一部の写し」という。）を当該国又は地方公共団体の機関の職員で当該国又は地方公共団体の機関が指定するものに閲覧させることを請求することができる。

2　前項の規定による請求は、**総務省令で定めるところにより、**次に掲げる事項を明らかにしてしなければならない。

一　当該請求をする国又は地方公共団体の機関の名称

二　請求事由（当該請求が犯罪捜査に関するものその他特別の事情により請求事由を明らかにすることが事務の性質上困難であるもの（次項において「犯罪捜査等のための請求」という。）にあつては、法令で定める事務の遂行のために必要である旨及びその根拠となる法令の名称）

三　住民基本台帳の一部の写しを閲覧する者の職名及び氏名

四　前三号に掲げるもののほか、**総務省令で定める事項**

3　市町村長は、毎年少なくとも一回、第一項の規定による請求に係る住民基本台帳の一部の写しの閲覧（犯罪捜査等のための請求に係るものを除く。）の状況について、当該請求をした国又は地方公共団体の機関の名称、請求事由の概要その他**総務省令で定める事項**を公表するものとする。

（個人又は法人の申出による住民基本台帳の一部の写しの閲覧）

第十一条の二　市町村長は、次に掲げる活動を行うために住民基本台帳の一部の写しを閲覧することが必要である旨の申出があり、かつ、当該申出を相当と認めるときは、当該申出を行う者（以下この条及び第五十条において「申出者」という。）が個人の場合にあつては当該申出者又はその指定する者に、当該申出者が法人（法人でない団体で代表者又は管理人の定めのあるものを含む。以下この条及び第十二条の三第四項において同じ。）の場合にあつては当該法人の役職員又は構成員（他の法人と共同して申出をする場合にあつては、当該他の法人の役職員又は構成員を含む。）で当該法人が指定するものに、その活動に必要な限度において、住民基本台帳の一部の写しを閲覧させることができる。
一　統計調査、世論調査、学術研究その他の調査研究のうち、総務大臣が定める基準に照らして公益性が高いと認められるものの実施
二　公共的団体が行う地域住民の福祉の向上に寄与する活動のうち、公益性が高いと認められるものの実施
三　営利以外の目的で行う居住関係の確認のうち、訴訟の提起その他特別の事情による居住関係の確認として市町村長が定めるものの実施

2　前項の申出は、**総務省令で定めるところにより、**次に掲げる事項を明らかにしてしなければならない。
一　申出者の氏名及び住所（申出者が法人の場合にあつては、その名称、代表者又は管理人の氏名及び主たる事務所の所在地）
二　住民基本台帳の一部の写しの閲覧により知り得た事項（以下この条及び第五十条において「閲覧事項」という。）の利用の目的
三　住民基本台帳の一部の写しを閲覧する者（以下この条及び第五十条において「閲覧者」という。）の氏名及び住所

四　閲覧事項の管理の方法
五　申出者が法人の場合にあつては、当該法人の役職員又は構成員のうち閲覧事項を取り扱う者の範囲
六　前項第一号に掲げる活動に係る申出の場合にあつては、調査研究の成果の取扱い
七　前各号に掲げるもののほか、**総務省令で定める事項**
3　個人である申出者は、前項第二号に掲げる利用の目的（以下この条及び第五十条において「利用目的」という。）を達成するために当該申出者及び閲覧者以外の者に閲覧事項を取り扱わせることが必要な場合には、第一項の申出をする際に、その旨並びに閲覧事項を取り扱う者として当該申出者が指定する者の氏名及び住所をその市町村長に申し出ることができる。
4　前項の規定による申出を受けた市町村長は、当該申出に相当な理由があると認めるときは、その申出を承認することができる。この場合において、当該承認を受けた申出者は、当該申出者が指定した者（当該承認を受けた者に限る。以下この条及び第五十条において「個人閲覧事項取扱者」という。）にその閲覧事項を取り扱わせることが

できる。

5　法人である申出者は、閲覧者及び第二項第五号に掲げる範囲に属する者のうち当該申出者が指定するもの（以下この条及び第五十条において「法人閲覧事項取扱者」という。）以外の者にその閲覧事項を取り扱わせてはならない。

6　申出者は、閲覧者、個人閲覧事項取扱者又は法人閲覧事項取扱者による閲覧事項の漏えいの防止その他の閲覧事項の適切な管理のために必要な措置を講じなければならない。

7　申出者、閲覧者、個人閲覧事項取扱者又は法人閲覧事項取扱者は、本人の事前の同意を得ないで、当該閲覧事項を利用目的以外の目的のために利用し、又は当該閲覧事項に係る申出者、閲覧者、個人閲覧事項取扱者及び法人閲覧事項取扱者以外の者に提供してはならない。

8　市町村長は、閲覧者若しくは申出者が偽りその他不正の手段により第一項の規定による住民基本台帳の一部の写しの閲覧をし、若しくはさせた場合又は申出者、閲覧者、個人閲覧事項取扱者若しくは法人閲覧事項取扱者が前項の規定に違反した場合において、個人の権利利益を保護するため必要があると認めるときは、当該閲覧事項に係る申出者、当該閲覧をし、若しくはさせた者又は当該違反行為をした者に対し、当該閲覧事項が利用目的以外の目的で利用され、又は当該閲覧事項に係る申出者、閲覧者、個人閲覧事項取扱者及び法人閲覧事項取扱者以外の者に提供されないようにするための措置を講ずることを勧告することができる。

9　市町村長は、前項の規定による勧告を受けた者が正当な理由がなくてその勧告に係る措置を講じなかつた場合において、個人の権利利益が不当に侵害されるおそれがあると認めるときは、その者に対し、その勧告に係る措置を講ずることを命ずることができる。

10　市町村長は、前二項の規定にかかわらず、閲覧者若しくは申出者が偽りその他不正の手段により第一項の規定による住民基本台帳の一部の写しの閲覧をし、若しくはさせた場合又は申出者、閲覧者、個人閲覧事項取扱者若しくは法人閲覧事項取扱者が第七項の規定に違反した場合において、個人の権利利益が不当に侵害されることを防止するため特に措置を講ずる必要があると認めるときは、当該閲覧事項に係る申出者、当該閲覧をし、若しくはさせた者又は当該違反行為をした者に対し、当該閲覧事項が利用目的以外の目的で利用され、又は当該閲覧事項に係る申出者、閲覧者、個人閲覧事項取扱者及び法人閲覧事項取扱者以外の者に提供されないようにするための措置を講ずることを命ずることができる。

11　市町村長は、この条の規定の施行に必要な限度において、申出者に対し、必要な報告をさせることができる。

12　市町村長は、毎年少なくとも一回、第一項の申出に係る住民基本台帳の一部の写しの閲覧（同項第三号に掲げる活動に係るものを除く。）の状況について、申出者の氏名（申出者が法人の場合にあつては、その名称及び代表者又は管理人の氏名）、利用目的の概要その他**総務省令で定める事項**を公表するものとする。

（本人等の請求による住民票の写し等の交付）

第十二条　住民基本台帳に記録されている者は、その者が記録されている住民基本台帳を備える市町村の市町村長に対し、自己又は自己と同一の世帯に属する者に係る住民票の写し（第六条第

（住民票の写しを交付する場合の記載）

第十五条　市町村長は、法第十二条第一項、法第十二条の二第一項又は法第十二条の三第一項若しくは第二項の規定により住民票の写しを交付する場合には、その末尾に原本と相違ない旨を記載しなければならない。

三項の規定により磁気ディスクをもつて住民票を調製している市町村にあつては、当該住民票に記録されている事項を記載した書類。以下同じ。）又は住民票に記載をした事項に関する証明書（以下「住民票記載事項証明書」という。）の交付を請求することができる。

2　前項の規定による請求は、**総務省令で定めるところにより、**次に掲げる事項を明らかにしてしなければならない。

一　当該請求をする者の氏名及び住所

二　現に請求の任に当たつている者が、請求をする者の代理人であるときその他請求をする者と異なる者であるときは、当該請求の任に当たつている者の氏名及び住所

三　当該請求の対象とする者の氏名

四　前三号に掲げるもののほか、**総務省令で定める事項**

3　第一項の規定による請求をする場合において、現に請求の任に当たつている者は、市町村長に対し、個人番号カード（番号利用法第二条第七項に規定する個人番号カードをいう。以下同じ。）を提示する方法その他の**総務省令で定める方法により、**当該請求の任に当たつている者が本人であることを

明らかにしなければならない。

4　前項の場合において、現に請求の任に当たつている者が、請求をする者の代理人であるときその他請求をする者と異なる者であるときは、当該請求の任に当たつている者は、市町村長に対し、**総務省令で定める方法により、**請求をする者の依頼により又は法令の規定により当該請求の任に当たるものであることを明らかにする書類を提示し、又は提出しなければならない。

5　市町村長は、特別の請求がない限り、第一項に規定する住民票の写しの交付の請求があつたときは、第七条第四号、第五号及び第八号の二から第十四号までに掲げる事項の全部又は一部の記載を省略した写しを交付することができる。

6　市町村長は、第一項の規定による請求が不当な目的によることが明らかなときは、これを拒むことができる。

7　第一項の規定による請求をしようとする者は、郵便その他の**総務省令で定める方法により、**同項に規定する住民票の写し又は住民票記載事項証明書の送付を求めることができる。

（国又は地方公共団体の機関の請求に

よる住民票の写し等の交付）
第十二条の二　国又は地方公共団体の機関は、法令で定める事務の遂行のために必要である場合には、市町村長に対し、当該市町村が備える住民基本台帳に記録されている者に係る住民票の写しで第七条第八号の二及び第十三号に掲げる事項の記載を省略したもの又は住民票記載事項証明書で同条第一号から第八号まで、第九号から第十二号まで及び第十四号に掲げる事項に関するものの交付を請求することができる。
2　前項の規定による請求は、**総務省令で定めるところにより**、次に掲げる事項を明らかにしてしなければならない。
一　当該請求をする国又は地方公共団体の機関の名称
二　現に請求の任に当たつている者の職名及び氏名
三　当該請求の対象とする者の氏名及び住所
四　請求事由（当該請求が犯罪捜査に関するものその他特別の事情により請求事由を明らかにすることが事務の性質上困難であるものにあつては、法令で定める事務の遂行のために必要である旨及びその根拠となる法令の名称）

五　前各号に掲げるもののほか、**総務省令で定める事項**

3　第一項の規定による請求をする場合において、現に請求の任に当たつている者は、市町村長に対し、国又は地方公共団体の機関の職員であることを示す書類を提示する方法その他の**総務省令で定める方法により、**当該請求の任に当たつている者が本人であることを明らかにしなければならない。

4　市町村長は、特別の請求がない限り、第一項に規定する住民票の写しの交付の請求があつたときは、第七条第四号、第五号、第九号から第十二号まで及び第十四号に掲げる事項の全部又は一部の記載を省略した写しを交付することができる。

5　第一項の規定による請求をしようとする国又は地方公共団体の機関は、郵便その他の**総務省令で定める方法により、**同項に規定する住民票の写し又は住民票記載事項証明書の送付を求めることができる。

（本人等以外の者の申出による住民票の写し等の交付）

第十二条の三　市町村長は、前二条の規定によるもののほか、当該市町村が備える住民基本台帳について、次に掲げる者から、住民票の写しで基礎証明事項（第七条第一号から第三号まで及び第六号から第八号までに掲げる事項をいう。以下この項及び第七項において同じ。）のみが表示されたもの又は住民票記載事項証明書で基礎証明事項に関するものが必要である旨の申出があり、かつ、当該申出を相当と認めるときは、当該申出をする者に当該住民票の写し又は住民票記載事項証明書を交付することができる。

一　自己の権利を行使し、又は自己の義務を履行するために住民票の記載事項を確認する必要がある者

二　国又は地方公共団体の機関に提出する必要がある者

三　前二号に掲げる者のほか、住民票の記載事項を利用する正当な理由がある者

2　市町村長は、前二条及び前項の規定によるもののほか、当該市町村が備える住民基本台帳について、特定事務受任者から、受任している事件又は事務の依頼者が同項各号に掲げる者に該当することを理由として、同項に規定する住民票の写し又は住民票記載事項証明書が必要である旨の申出があり、か

つ、当該申出を相当と認めるときは、当該特定事務受任者に当該住民票の写し又は住民票記載事項証明書を交付することができる。

3　前項に規定する「特定事務受任者」とは、弁護士（弁護士法人を含む。）、司法書士（司法書士法人を含む。）、土地家屋調査士（土地家屋調査士法人を含む。）、税理士（税理士法人を含む。）、社会保険労務士（社会保険労務士法人を含む。）、弁理士（特許業務法人を含む。）、海事代理士又は行政書士（行政書士法人を含む。）をいう。

4　第一項又は第二項の申出は、**総務省令で定めるところにより**、次に掲げる事項を明らかにしてしなければならない。

一　申出者（第一項又は第二項の申出をする者をいう。以下この条において同じ。）の氏名及び住所（申出者が法人の場合にあつては、その名称、代表者又は管理人の氏名及び主たる事務所の所在地）

二　現に申出の任に当たつている者が、申出者の代理人であるときその他申出者と異なる者であるときは、当該申出の任に当たつている者の氏名及び住所

三　当該申出の対象とする者の氏名及び住所
四　第一項に規定する住民票の写し又は住民票記載事項証明書の利用の目的
五　第二項の申出の場合にあつては、前項に規定する特定事務受任者の受任している事件又は事務についての資格及び業務の種類並びに依頼者の氏名又は名称（当該受任している事件又は事務についての業務が裁判手続又は裁判外手続における民事上若しくは行政上の紛争処理の手続についての代理業務その他の政令で定める業務であるときは、当該事件又は事務についての資格及び業務の種類）
六　前各号に掲げるもののほか、**総務省令で定める事項**

5　第一項又は第二項の申出をする場合において、現に申出の任に当たつている者は、市町村長に対し、個人番号カードを提示する方法その他の**総務省令で定める方法により、**当該申出の任に当たつている者が本人であることを明らかにしなければならない。

6　前項の場合において、現に申出の任に当たつている者が、申出者の代理人

（法第十二条の三第四項第五号に規定する政令で定める業務）

第十五条の二　法第十二条の三第四項第五号に規定する政令で定める業務は、次に掲げる業務とする。
一　弁護士（弁護士法人を含む。）にあつては、裁判手続又は裁判外における民事上若しくは行政上の紛争処理の手続についての代理業務（弁護士法人については、弁護士法（昭和二十四年法律第二百五号）第三十条の六第一項各号に規定する代理業務を除く。）
二　司法書士（司法書士法人を含む。）にあつては、司法書士法（昭和二十五年法律第百九十七号）第三条第一項第三号及び第六号から第八号までに規定する代理業務（同項第七号及び第八号に規定する相談業務並びに司法書士法人については同項第六号に規定する代理業務を除く。）
三　土地家屋調査士（土地家屋調査士法人を含む。）にあつては、土地家

であるときその他申出者と異なる者であるときは、当該申出の任に当たつている者は、市町村長に対し、**総務省令で定める方法により**、申出者の依頼により又は法令の規定により当該申出の任に当たるものであることを明らかにする書類を提示し、又は提出しなければならない。

7　申出者は、第四項第四号に掲げる利用の目的を達成するため、基礎証明事項のほか基礎証明事項以外の事項（第七条第八号の二及び第十三号に掲げる事項を除く。以下この項において同じ。）の全部若しくは一部が表示された住民票の写し又は基礎証明事項のほか基礎証明事項以外の事項の全部若しくは一部を記載した住民票記載事項証明書が必要である場合には、第一項又は第二項の申出をする際に、その旨を市町村長に申し出ることができる。

8　市町村長は、前項の規定による申出を相当と認めるときは、第一項に規定する住民票の写し又は住民票記載事項証明書に代えて、前項に規定する住民票の写し又は住民票記載事項証明書を交付することができる。

9　第一項又は第二項の申出をしようとする者は、郵便その他の**総務省令で定**

屋調査士法（昭和二十五年法律第二百二十八号）第三条第一項第二号に規定する審査請求の手続についての代理業務並びに同項第四号及び第七号に規定する代理業務

四　税理士（税理士法人を含む。）にあつては、税理士法（昭和二十六年法律第二百三十七号）第二条第一項第一号に規定する不服申立て及びこれに関する主張又は陳述についての代理業務

五　社会保険労務士（社会保険労務士法人を含む。）にあつては、社会保険労務士法（昭和四十三年法律第八十九号）第二条第一項第一号の三に規定する審査請求及び再審査請求並びにこれらに係る行政機関等の調査又は処分に関し当該行政機関等に対してする主張又は陳述についての代理業務並びに同項第一号の四から第一号の六までに規定する代理業務（同条第三項第一号に規定する相談業務を除く。）

六　弁理士（特許業務法人を含む。）にあつては、弁理士法（平成十二年法律第四十九号）第四条第一項に規定する特許庁における手続（不服申立てに限る。）、審査請求及び裁定に

める方法により、第一項に規定する住民票の写し又は住民票記載事項証明書の送付を求めることができる。

（本人等の請求に係る住民票の写しの交付の特例）

第十二条の四　住民基本台帳に記録されている者は、その者が記録されている住民基本台帳を備える市町村の市町村長（以下この条において「住所地市町村長」という。）以外の市町村長に対し、自己又は自己と同一の世帯に属する者に係る住民票の写しで第七条第五号、第九号から第十二号まで及び第十四号に掲げる事項の記載を省略したものの交付を請求することができる。こ

関する経済産業大臣に対する手続（裁定の取消しに限る。）についての代理業務、同条第二項第一号に規定する税関長又は財務大臣に対する手続（不服申立てに限る。）についての代理業務、同項第二号に規定する代理業務、同法第六条に規定する訴訟の手続についての代理業務並びに同法第六条の二第一項に規定する特定侵害訴訟の手続についての代理業務（特許業務法人については、同法第六条に規定する訴訟の手続についての代理業務及び同法第六条の二第一項に規定する特定侵害訴訟の手続についての代理業務を除く。）

（本人等の請求に係る住民票の写しの交付の特例の請求手続）

第四条　法第十二条の四第一項の規定に基づき住民票の写しの交付の請求をする者は、同項に基づく住民票の写しの交付の請求である旨並びに次項に規定する書類を提示した場合には、その者の住民票コード又は出生の年月日及び男女の別を明らかにしなければならない。

2　法第十二条の四第一項に規定する総務省令で定める書類は、旅券、運転免

の場合において、当該請求をする者は、総務省令で定めるところにより、個人番号カード又は総務省令で定める書類を提示してこれをしなければならない。

2　前項の請求を受けた市町村長（以下この条において「交付地市町村長」という。）は、政令で定める事項を同項の請求をした者の住所地市町村長に通知しなければならない。

（法第十二条の四第二項及び第三項に規定する住民票の写しの交付の際の通知事項）

第十五条の三　法第十二条の四第二項に規定する政令で定める事項は、次に掲げる事項とする。

一　法第十二条の四第一項の請求があつた旨

二　法第十二条の四第一項の請求をした者（次号において「請求者」という。）の氏名及びその者に係る住民票に記載された住民票コード

三　請求者及び請求者と同一の世帯に属する者のうち、法第十二条の四第一項の請求に係る住民票の写しに記載する者

四　法第七条第四号、第八号の二又は

許証その他官公署が発行した免許証、許可証又は資格証明書等（本人の写真が貼付されたものに限る。）であって当該請求者が本人であることを確認するため市町村長（特別区にあつては区長、地方自治法（昭和二十二年法律第六十七号）第二百五十二条の十九第一項の指定都市にあっては区長又は総合区長。第六条及び第九条において同じ。）が適当と認めるものとする。

3　前項の規定による通知を受けた住所地市町村長は、政令で定める事項を交付地市町村長に通知しなければならない。

4　前項の規定による通知を受けた交付地市町村長は、政令で定めるところにより、第一項の請求に係る住民票の写しを作成して、同項の請求をした者に交付するものとする。この場合において、交付地市町村長は、特別の請求がない限り、第七条第四号、第八号の二及び第十三号に掲げる事項の全部又は一部の記載を省略した写しを交付することができる。

5　第二項又は第三項の規定による通知は、総務省令で定めるところにより、交付地市町村長又は住所地市町村長の使用に係る電子計算機から電気通信回線を通じて相手方である住所地市町村長又は交付地市町村長の使用に係る電子計算機に送信することによつて行う

　第十三号に掲げる事項の記載の請求の有無

2　法第十二条の四第三項に規定する政令で定める事項は、法第七条第一号から第三号まで及び第六号から第八号までに掲げる事項（同条第四号、第八号の二又は第十三号に掲げる事項の記載の請求があつた場合にあつては、当該請求があつた事項を含む。）とする。

（法第十二条の四第一項の規定による住民票の写しの交付）

第十五条の四　交付地市町村長（法第十二条の四第二項に規定する交付地市町村長をいう。次項において同じ。）は、同条第四項の規定により住民票の写しを作成する場合には、同条第三項の規定による通知に基づかなければならない。

2　交付地市町村長は、前項の規定により作成した住民票の写しの末尾に、法第十二条の四第一項に規定する住所地市町村長から当該請求に係る住民票に記載されている事項が同条第三項の規定により通知され、当該住民票の写しが当該通知に基づき作成されたものである旨を記載しなければならない。

（本人等の請求に係る住民票の写しの交付の特例の際の通知の方法）

第五条　法第十二条の四第五項の規定による通知は、電子計算機の操作によるものとし、電気通信回線を通じた送信の方法に関する技術的基準については、総務大臣が定める。

ものとする。

6　第十二条第二項（第二号を除く。）及び第六項の規定は、第一項の規定による請求について準用する。この場合において、同条第六項中「市町村長」とあるのは、「第十二条の四第二項に規定する交付地市町村長」と読み替えるものとする。

（住民基本台帳の脱漏等に関する都道府県知事の通報）

第十二条の五　都道府県知事は、その事務を管理し、又は執行するに当たつて、当該都道府県の区域内の市町村の住民基本台帳に脱漏若しくは誤載があり、又は住民票に誤記若しくは記載漏れがあることを知つたときは、遅滞なく、その旨を当該住民基本台帳を備える市町村の市町村長に通報しなければならない。

（住民基本台帳の脱漏等に関する委員会の通報）

第十三条　市町村の委員会（地方自治法第百三十八条の四第一項に規定する委員会をいう。）は、その事務を管理し、又は執行するに当たつて、住民基本台帳に脱漏若しくは誤載があり、又は住民票に誤記若しくは記載漏れがあると認めるときは、遅滞なく、その旨を当該市町村の市町村長に通報しなければならない。

（住民基本台帳の正確な記録を確保するための措置）

第十四条　市町村長は、その事務を管理し、及び執行することにより、又は第十条若しくは前二条の規定による通知若しくは通報若しくは第三十四条第一項若しくは第二項の調査によつて、住民基本台帳に脱漏若しくは誤載があり、又は住民票に誤記若しくは記載漏れがあることを知つたときは、届出義務者に対する届出の催告その他住民基本台帳の正確な記録を確保するため必要な措置を講じなければならない。

2　住民基本台帳に記録されている者は、自己又は自己と同一の世帯に属する者に係る住民票に誤記又は記載漏れがあることを知つたときは、その者が記録されている住民基本台帳を備える市町村の市町村長に対してその旨を申し出ることができる。

（選挙人名簿との関係）

第十五条　選挙人名簿の登録は、住民基本台帳に記録されている者で選挙権を有するものについて行なうものとする。
2　市町村長は、第八条の規定により住民票の記載等をしたときは、遅滞なく、当該記載等で選挙人名簿の登録に関係がある事項を当該市町村の選挙管理委員会に通知しなければならない。
3　市町村の選挙管理委員会は、前項の規定により通知された事項を不当な目的に使用されることがないよう努めなければならない。

（住民票の改製）
第十六条　市町村長は、必要があると認めるときは、住民票を改製することができる。この場合には、消除又は修正された記載の移記を省くことができる。

（住民票の再製）
第十七条　市町村長は、住民票が滅失したときは、直ちに、職権で、これを再製しなければならない。
2　市町村長は、前項の規定により住民票を再製したときは、直ちにその旨を告示するとともに、その告示をした日から十五日間当該住民票（法第六条第三項の規定により磁気ディスクをもつて住民票を調製している市町村にあつ

第三章　戸籍の附票

（戸籍の附票の作成）

第十六条　市町村長は、その市町村の区域内に本籍を有する者につき、その戸籍を単位として、戸籍の附票を作成しなければならない。

2　市町村長は、政令で定めるところにより、前項の戸籍の附票を磁気ディスクをもつて調製することができる。

（戸籍の附票の記載事項）

第十七条　戸籍の附票には、次に掲げる事項について記載（前条第二項の規定により磁気ディスクをもつて調製する戸籍の附票にあつては、記録。以下同じ。）をする。

一　戸籍の表示

二　氏名

三　住所

四　住所を定めた年月日

（戸籍の附票の記載事項の特例等）

第十七条の二　戸籍の附票には、前条に

ては、当該住民票に記録されている事項を記載した書類）を関係者の縦覧に供さなければならない。

第三章　戸籍の附票

（住民票に関する規定の準用）［移動］

第二十一条　（略）

2　第二条、第十五条、第十六条及び第十七条の規定は、戸籍の附票について準用する。この場合において、第二条中「第六条第三項」とあるのは「第十六条第二項」と、「総務大臣」とあるのは「総務大臣及び法務大臣」と、第十五条中「法第十二条第一項、法第十二条の二第一項若しくは第二項の規定により住民票の写し」とあるのは「戸籍の附票の写し（法第十六条第二項の規定により磁気ディスクをもつて戸籍の附票を調製している市町村にあつては、当該戸籍の附票に記録されている事項を記載した書類）」と、第十七条第二項中

規定する事項のほか、公職選挙法第三十条の六の規定に基づいて在外選挙人名簿に登録された者及び日本国憲法の改正手続に関する法律（平成十九年法律第五十一号）第三十七条第一項の規定に基づいて在外投票人名簿に登録された者については、その旨及び当該登録された市町村名を記載しなければならない。

2　市町村の選挙管理委員会は、公職選挙法第三十条の六第一項の規定により在外選挙人名簿に登録したとき若しくは同法第三十条の十一の規定により在外選挙人名簿から抹消したとき、又は日本国憲法の改正手続に関する法律第三十七条第一項の規定により在外投票人名簿に登録したとき若しくは同法第四十二条の規定により在外投票人名簿から抹消したときは、遅滞なく、その旨を当該登録され、又は抹消された者の本籍地の市町村長に通知しなければならない。

（戸籍の附票の記載等）

第十八条　戸籍の附票の記載、消除又は記載の修正は、職権で行うものとする。

「第六条第三項」とあるのは「第十六条第二項」と読み替えるものとする。

（戸籍の附票の記載）

第十八条　市町村長は、新たに戸籍が編製されたときは、その戸籍の附票を作成しなければならない。

2　市町村長は、一の戸籍の附票を作成した後にその戸籍に入つた者があるときは、その戸籍の附票にその者に関する記載（法第十六条第二項の規定により磁気ディスクをもつて調製する戸籍の附票にあつては、記録。以下同じ。）をしなければならない。

（戸籍の附票の消除）

第十九条　市町村長は、一の戸籍にある者の全部又は一部がその戸籍から除かれたときは、その戸籍の附票の全部又は一部を消除しなければならない。

（戸籍の附票の記載の修正）

第二十条　市町村長は、戸籍の附票に記載をした事項に変更があつたとき、又は戸籍の附票に誤記若しくは記載漏れがあつたときは、その記載の修正をしなければならない。

（戸籍の附票の記載の修正等のための市町村長間の通知）

第十九条　住所地の市町村長は、住民票の記載等をした場合に、本籍地において戸籍の附票の記載の修正をすべきときは、遅滞なく、当該修正をすべき事項を本籍地の市町村長に通知しなければならない。

2　前項の規定により通知を受けた事項が戸籍の記載又は記録と合わないときは、本籍地の市町村長は、遅滞なく、その旨を住所地の市町村長に通知しなければならない。

3　本籍が一の市町村から他の市町村に転属したときは、原籍地の市町村長は、遅滞なく、戸籍の附票に記載をしてある事項を新本籍地の市町村長に通知しなければならない。

4　第一項の規定による通知は、総務省令で定めるところにより、住所地の市町村長の使用に係る電子計算機から電気通信回線を通じて相手方である本籍地の市町村長の使用に係る電子計算機に送信することによつて行うものとする。ただし、総務省令で定める場合にあつては、この限りでない。

（戸籍の附票の写しの交付）

第二十条　戸籍の附票に記録されている

（住民票に関する規定の準用）

第二十一条　第十五条の二の規定は、法第二十条第五項において準用する法第十二条の三第四項第五号に規定する政令で定める業務について準用する。

2　（略）

（戸籍の附票の記載の修正のための通知の方法）

第五条の二　法第十九条第四項の規定による通知は、電子計算機の操作によるものとし、電気通信回線を通じた送信の方法に関する技術的基準については、総務大臣が定める。

2　法第十九条第四項に規定する総務省令で定める場合は、電気通信回線の故障その他の事由により電気通信回線を通じた送信ができない場合とする。

者又はその配偶者、直系尊属若しくは直系卑属は、これらの者が記録されている戸籍の附票（第十六条第二項の規定により磁気ディスクをもつて戸籍の附票を調製している市町村にあつては、当該戸籍の附票に記録されている事項を記載した書類。以下この条及び第四十六条において同じ。）を備える市町村の市町村長に対し、これらの者に係る戸籍の附票の写しの交付を請求することができる。

2　国又は地方公共団体の機関は、法令で定める事務の遂行のために必要である場合には、市町村長に対し、当該市町村が備える戸籍の附票に記録されている者に係る戸籍の附票の写しの交付を請求することができる。

3　市町村長は、前二項の規定によるもののほか、当該市町村が備える戸籍の附票について、次に掲げる者から、戸籍の附票の写しが必要である旨の申出があり、かつ、当該申出を相当と認めるときは、当該申出をする者に当該戸籍の附票の写しを交付することができる。

一　自己の権利を行使し、又は自己の義務を履行するために戸籍の附票の記載事項を確認する必要がある者

二　国又は地方公共団体の機関に提出する必要がある者
三　前二号に掲げる者のほか、戸籍の附票の記載事項を利用する正当な理由がある者

4　市町村長は、前三項の規定によるもののほか、当該市町村が備える戸籍の附票について、第十二条の三第三項に規定する特定事務受任者から、受任している事件又は事務の依頼者が前項各号に掲げる者に該当することを理由として、戸籍の附票の写しが必要である旨の申出があり、かつ、当該申出を相当と認めるときは、当該特定事務受任者に当該戸籍の附票の写しを交付することができる。

5　第十二条第二項から第四項まで、第六項及び第七項の規定は第一項の請求について、第十二条の二第二項、第三項及び第五項の規定は第二項の請求について、第十二条の三第四項から第六項まで及び第九項の規定は前二項の申出について、それぞれ準用する。この場合において、これらの規定中「総務省令」とあるのは「総務省令・法務省令」と、第十二条第七項及び第十二条の二第五項中「同項に規定する住民票の写し又は住民票記載事項証明書」と

あり、並びに第十二条の三第四項第四号及び第九項中「第一項に規定する住民票の写し又は住民票記載事項証明書」とあるのは「第二十条第一項に規定する戸籍の附票の写し」と読み替えるものとする。

第四章　届出

（住民としての地位の変更に関する届出の原則）

第二十一条　住民としての地位の変更に関する届出は、すべてこの章及び第四章の三に定める届出によつて行うものとする。

（転入届）

第二十二条　転入（新たに市町村の区域内に住所を定めることをいい、出生による場合を除く。以下この条及び第三十条の四十六において同じ。）をした者は、転入をした日から十四日以内に、次に掲げる事項（いずれの市町村においても住民基本台帳に記録されたことがない者にあつては、第一号から第五号まで及び第七号に掲げる事項）を市町村長に届け出なければならない。

一　氏名

第四章　届出

二　住所
三　転入をした年月日
四　従前の住所
五　世帯主についてはその旨、世帯主でない者については世帯主の氏名及び世帯主との続柄
六　転入前の住民票コード（転入をした者につき直近に住民票の記載をした市町村長が、当該住民票に直近に記載した住民票コードをいう。）
七　国外から転入をした者その他政令で定める者については、前各号に掲げる事項のほか政令で定める事項

2　前項の規定による届出をする者（同項第七号の者を除く。）は、住所の異動に関する文書で政令で定めるものを添えて、同項の届出をしなければならない。

（転入届に当たり特別の事項を届け出なければならない者等）

第二十二条　法第二十二条第一項第七号に規定する政令で定める者はいずれの市町村の住民基本台帳にも記録されていないことその他やむを得ない理由により同条第二項の文書を提出することができない者とし、同号に規定する政令で定める事項は出生の年月日、男女の別及び戸籍の表示とする。

（転出証明書）

第二十三条　法第二十二条第二項に規定する住所の異動に関する文書で政令で定めるものは、前住所地の市町村長が作成する転出の証明書（以下「転出証明書」という。）とする。

2　転出証明書には、法第七条第一号か

（転居届）

第二十三条　転居（一の市町村の区域内において住所を変更することをいう。以下この条において同じ。）をした者は、転居をした日から十四日以内に、次に掲げる事項を市町村長に届け出なければならない。

一　氏名

二　住所

三　転居をした年月日

四　従前の住所

ら第五号まで、第八号の二及び第十三号に掲げる事項のほか、次に掲げる事項を記載しなければならない。

一　住所

二　転出先及び転出の予定年月日

三　国民健康保険の被保険者である者については、その旨

三の二　後期高齢者医療の被保険者である者については、その旨

三の三　介護保険の被保険者である者については、その旨

四　国民年金の被保険者である者については、国民年金の被保険者の種別及び基礎年金番号

五　児童手当の支給を受けている者については、その旨

五　世帯主についてはその旨、世帯主でない者については世帯主の氏名及び世帯主との続柄

（転出届）

第二十四条　転出（市町村の区域外へ住所を移すことをいう。以下同じ。）をする者は、あらかじめ、その氏名、転出先及び転出の予定年月日を市町村長に届け出なければならない。

（個人番号カードの交付を受けている者等に関する転入届の特例）

第二十四条の二　個人番号カードの交付を受けている者が転出届（前条の規定による届出をいう。以下この条において同じ。）をした場合においては、最初の転入届（当該転出届をした日後その者が最初に行う第二十二条第一項の規定による届出をいう。以下この条において同じ。）については、第二十二条第二項の規定は、適用しない。ただし、政令で定める場合にあつては、こ

（転出証明書の交付等）

第二十四条　市町村長は、転出届があつたとき（法第二十四条の二第一項本文若しくは同条第二項本文の規定の適用を受けるとき又は国外に転出をするときを除く。）は、転出証明書を交付しなければならない。

2　転出証明書の交付を受けた者は、転出証明書を亡失し、滅失し、汚損し、又は破損したときは、その再交付を受けることができる。

（最初の転入届等において特例の適用を受けることができない場合）

第二十四条の二　法第二十四条の二第一項ただし書に規定する政令で定める場合は、次に掲げる場合とする。

一　転出届をした者が、当該転出届がされてから最初の転入届（法第二十四条の二第一項に規定する最初の転入届をいう。以下同じ。）がされるまでの間において、いずれかの市町村の住民基本台帳に記録されたことがある場合

（最初の転入届の手続）

第六条　法第二十四条の二第一項に規定する最初の転入届をしようとする者は、市町村長に対し、行政手続における特定の個人を識別するための番号の利用等に関する法律（平成二十五年法律第二十七号。以下「番号利用法」という。）第二条第七項に規定する個人番号カード（以下「個人番号カード」という。）の交付を受けている旨を明らかにしなければならない。

の限りでない。

2　個人番号カードの交付を受けている世帯主が行う当該世帯主に関する転出届に併せて、その世帯に属する他の者（以下この項及び第二十六条において「世帯員」という。）であつて個人番号カードの交付を受けていないものが転出届をした場合においては、最初の世帯員に関する転入届（当該転出届をした日後当該世帯員が最初に行う第二十二条第一項の規定による届出であつて、当該世帯主が当該世帯主に関する最初の転入届に併せて第二十六条第一項又は第二項の規定により当該世帯員に代わつて行うものをいう。以下この条において同じ。）については、第二十二条第二項の規定は、適用しない。ただ

二　転出届をした者が、当該転出届により届け出た転出の予定年月日から三十日を経過した日又は転入をした日から十四日を経過した日のいずれか早い日以後に、最初の転入届をする場合

三　最初の転入届の際に、番号利用法第十七条第二項の規定による個人番号カード（番号利用法第二条第七項に規定する個人番号カードをいう。以下同じ。）の提出がされなかつた場合

2　法第二十四条の二第二項ただし書に規定する政令で定める場合は、次に掲げる場合とする。

一　転出届をした世帯員（法第二十四条の二第二項に規定する世帯員をいう。以下この項において同じ。）が、当該転出届がされてから最初の世帯員に関する転入届（同条第二項に規定する最初の世帯員に関する転入届をいう。以下同じ。）がされるまでの間において、いずれかの市町村の住民基本台帳に記録されたことがある場合

二　転出届をした世帯員が属する世帯の世帯主が、当該転出届により届け出た転出の予定年月日から三十日を

し、政令で定める場合にあつては、この限りでない。

3　最初の転入届又は最初の世帯員に関する転入届を受けた市町村長（以下この条において「転入地市町村長」という。）は、その旨を当該最初の転入届に係る転出届又は当該最初の世帯員に関する転入届に係る転出届を受けた市町村長（以下この条において「転出地市町村長」という。）に通知しなければならない。

4　転出地市町村長は、前項の規定による通知があつたときは、政令で定める事項を転入地市町村長に通知しなければならない。

経過した日又は転入をした日から十四日を経過した日のいずれか早い日以後に、最初の世帯員に関する転入届をする場合

三　最初の世帯員に関する転入届の際に、転出届をした世帯員が属する世帯の世帯主について番号利用法第十七条第二項の規定による個人番号カードの提出がされなかつた場合

（転出地市町村長から転入地市町村長への通知事項）

第二十四条の三　法第二十四条の二第四項に規定する政令で定める事項は、法第七条第一号から第五号まで、第八号の二及び第十三号に掲げる事項のほか、次に掲げる事項とする。

一　転出前の住所

二　転出先及び転出の予定年月日

三　国民健康保険の被保険者である者については、その旨

三の二　後期高齢者医療の被保険者である者については、その旨

四　介護保険の被保険者である者については、その旨その他**総務省令で定める事項**

五　国民年金の被保険者である者につ

5　前二項の規定による通知は、総務省令で定めるところにより、転入地市町村長又は転出地市町村長の使用に係る電子計算機から電気通信回線を通じて相手方である転出地市町村長又は転入地市町村長の使用に係る電子計算機に送信することによつて行うものとする。

（世帯変更届）

第二十五条　第二十二条第一項及び第二十三条の場合を除くほか、その属する世帯又はその世帯主に変更があつた者（政令で定める者を除く。）は、その変更があつた日から十四日以内に、その

いては、国民年金の被保険者の種別及び基礎年金番号

六　児童手当の支給を受けている者については、その旨

七　個人番号カードの交付を受けている者については、当該個人番号カードの発行の日及び有効期間が満了する日その他個人番号カードの管理のために必要な事項として総務省令で定めるもの

（世帯変更届を要しない者）

第二十五条　法第二十五条に規定する政令で定める者は、世帯主以外のその世帯に属する者が一人になつた場合におけるその者とする。

（転出地市町村長から転入地市町村長への通知事項）［移動］

第七条の二　令第二十四条の三第七号に規定する総務省令で定めるものは、当該個人番号カードが真正なものであることを確認するために転入地市町村長が用いる符号その他個人番号カードの管理のために必要な事項とする。

（個人番号カードの交付を受けている者等に関する届出の特例の際の通知の方法）

第七条　法第二十四条の二第五項の規定による通知は、電子計算機の操作によるものとし、電気通信回線を通じた送信の方法に関する技術的基準については、総務大臣が定める。

氏名、変更があつた事項及び変更があつた年月日を市町村長に届け出なければならない。

（世帯主が届出を行う場合）

第二十六条　世帯主は、世帯員に代わつて、この章又は第四章の三の規定による届出をすることができる。

2　世帯員がこの章又は第四章の三の規定による届出をすることができないときは、世帯主が世帯員に代わつて、その届出をしなければならない。

（届出の方式等）

第二十七条　この章又は第四章の三の規定による届出は、政令で定めるところにより、書面でしなければならない。

2　市町村長は、この章又は第四章の三の規定による届出がされる場合において、現に届出の任に当たつている者に対し、総務省令で定めるところにより、当該届出の任に当たつている者が本人であるかどうかの確認をするため、当該届出の任に当たつている者を特定

（届出の方式）

第二十六条　法第四章又は法第四章の三の規定による届出は、現に届出の任に当たつている者の住所及び届出の年月日が記載され、並びに当該届出の任に当たつている者が署名し、又は記名押印した書面でしなければならない。

（現に届出の任に当たっている者を特定する方法）

第八条　法第二十七条第二項の規定による提示若しくは提出又は説明は、次のいずれかの方法によるものとする。

一　個人番号カード又は旅券、運転免許証その他官公署が発行した免許証、

するために必要な氏名その他の総務省令で定める事項を示す書類の提示若しくは提出又はこれらの事項についての説明を求めるものとする。

3　前項の場合において、市町村長は、現に届出の任に当たつている者が、届出をする者の代理人であるときその他届出をする者と異なる者であるとき（現に届出の任に当たつている者が届

許可証若しくは資格証明書等（本人の写真が貼付されたものに限る。）であって現に届出の任に当たっている者が本人であることを確認するため市町村長が適当と認める書類を提示する方法

二　前号の書類をやむを得ない理由により提示することができない場合には、現に届出の任に当たっている者が本人であることを確認するため市町村長が適当と認める書類を提示し、若しくは提出する方法又は同一の世帯の住民基本台帳の記載事項について説明させる方法その他の市町村長が前号に準ずるものとして適当と認める方法

（届出において明らかにする事項）

第八条の二　法第二十七条第二項に規定する総務省令で定める事項は、氏名及び住所その他の市町村長が適当と認める事項とする。

（届出をする者の代理人等の権限を明らかにする方法）

第八条の三　法第二十七条第三項の規定による提示若しくは提出又は説明は、次のいずれかの方法によるものとする。

出をする者と同一の世帯に属する者であるときを除く。）は、当該届出の任に当たつている者に対し、総務省令で定めるところにより、届出をする者の依頼により又は法令の規定により当該届出の任に当たるものであることを明らかにするために必要な事項を示す書類の提示若しくは提出又は当該事項についての説明を求めるものとする。

（国民健康保険の被保険者である者に係る届出の特例）

第二十八条　この章又は第四章の三の規定による届出をすべき者が国民健康保険の被保険者であるときは、その者は、

（国民健康保険の被保険者である者に係る付記事項）

第二十七条　法第二十八条に規定する政令で定める事項は、次の各号に掲げる届出の区分に応じ、当該各号に掲げる

この場合において、市町村長が必要と認めるときは、届出をする者が本人であるかどうかの確認をするため、必要な事項を示す書類の提示若しくは提出又はこれらの事項についての説明を求めるものとする。

一　現に届出の任に当たっている者が法定代理人の場合には、戸籍謄本その他その資格を証明する書類を提示し、又は提出する方法

二　現に届出の任に当たっている者が法定代理人以外の者である場合には、委任状を提出する方法

三　前二号の書類をやむを得ない理由により提示し、又は提出することができない場合には、届出をする者の依頼により又は法令の規定により当該届出の任に当たるものであることを説明する書類を提示し、又は提出させる方法その他の市町村長が前二号に準ずるものとして適当と認める方法

当該届出に係る書面に、その資格を証する事項で政令で定めるものを付記するものとする。

事項とする。

一　法第二十二条の規定による届出（以下「転入届」という。）並びに法第三十条の四十六及び法第三十条の四十七の規定による届出（第三号に掲げる届出を除く。）　次に掲げる事項

イ　国民健康保険の被保険者の資格を取得した旨

ロ　職業

ハ　その者が属することとなつた世帯に既に国民健康保険の被保険者の資格を取得している者がある場合には、その世帯の世帯主に国民健康保険の被保険者証（国民健康保険法第九条第二項の被保険者証をいう。以下この条及び第三十条において同じ。）又は国民健康保険の被保険者資格証明書（同法第九条第六項の被保険者資格証明書をいう。以下この条及び第三十条において同じ。）のいずれかが交付されているときは、その記号及び番号、その世帯主に国民健康保険の被保険者証及び国民健康保険の被保険者資格証明書のいずれもが交付されているときは、その旨並びに国民健康保険の被保険者証

の記号及び番号

二　法第二十三条の規定による届出（以下「転居届」という。）、転出届及び法第二十五条の規定による届出（次条第二号及び第二十七条の三第二号において「世帯変更届」という。）　その者が属する世帯の世帯主に国民健康保険の被保険者証又は国民健康保険の被保険者資格証明書のいずれかが交付されている場合には、その記号及び番号、その世帯主に国民健康保険の被保険者証及び国民健康保険の被保険者資格証明書のいずれもが交付されている場合には、その旨並びに国民健康保険の被保険者証の記号及び番号

三　法第三十条の四十七の規定による届出（当該届出をする者が中長期在留者等（法第三十条の四十六に規定する中長期在留者等をいう。次条から第二十八条までにおいて同じ。）となる前から引き続き国民健康保険の被保険者の資格を有する場合に限る。）　次に掲げる事項

イ　国民健康保険の被保険者の資格を取得した年月日

ロ　その者が属する世帯の世帯主に国民健康保険の被保険者証又は国

（後期高齢者医療の被保険者である者に係る届出の特例）

第二十八条の二　この章又は第四章の三の規定による届出をすべき者が後期高齢者医療の被保険者であるときは、その者は、当該届出に係る書面に、その資格を証する事項で政令で定めるものを付記するものとする。

民健康保険の被保険者資格証明書のいずれかが交付されている場合には、その記号及び番号、その世帯主に国民健康保険の被保険者証及び国民健康保険の被保険者資格証明書のいずれもが交付されている場合には、その旨並びに国民健康保険の被保険者証の記号及び番号

（後期高齢者医療の被保険者である者に係る付記事項）

第二十七条の二　法第二十八条の二に規定する政令で定める事項は、次の各号に掲げる届出の区分に応じ、当該各号に掲げる事項とする。

一　転入届（一の都道府県の区域内において住所を変更することに係るものを除く。）並びに法第三十条の四十六及び法第三十条の四十七の規定による届出（第三号に掲げる届出を除く。）　次に掲げる事項

イ　後期高齢者医療の被保険者の資格を取得した旨

ロ　その者が属することとなつた世帯に既に後期高齢者医療の被保険者の資格を取得している者がある場合には、その被保険者に後期高

齢者医療の被保険者証（高齢者の医療の確保に関する法律第五十四条第三項の被保険者証をいう。以下この条及び第三十条において同じ。）が交付されているときは、その番号、その被保険者に後期高齢者医療の被保険者資格証明書（同法第五十四条第七項の被保険者資格証明書をいう。以下この条及び第三十条において同じ。）が交付されているときは、その記号及び番号

二　転居届、転出届及び世帯変更届　その者に後期高齢者医療の被保険者証が交付されている場合には、その番号、その者に後期高齢者医療の被保険者資格証明書が交付されている場合には、その記号及び番号

三　法第三十条の四十七の規定による届出（当該届出をする者が中長期在留者等となる前から引き続き後期高齢者医療の被保険者の資格を有する場合に限る。）　次に掲げる事項

イ　後期高齢者医療の被保険者の資格を取得した年月日

ロ　その者に後期高齢者医療の被保険者証が交付されている場合には、その番号、その者に後期高齢者医

（介護保険の被保険者である者に係る届出の特例）

第二十八条の三　この章又は第四章の三の規定による届出をすべき者が介護保険の被保険者であるときは、その者は、当該届出に係る書面に、その資格を証する事項で政令で定めるものを付記するものとする。

療の被保険者資格証明書が交付されている場合には、その記号及び番号

（介護保険の被保険者である者に係る付記事項）

第二十七条の三　法第二十八条の三に規定する政令で定める事項は、次の各号に掲げる届出の区分に応じ、当該各号に掲げる事項とする。

一　転入届並びに法第三十条の四十六及び法第三十条の四十七の規定による届出（第三号に掲げる届出を除く。）　介護保険の被保険者の資格を有する旨

二　転居届、転出届及び世帯変更届　介護保険の被保険者証（介護保険法第十二条第三項の被保険者証をいう。次号及び第三十条において同じ。）の番号

三　法第三十条の四十七の規定による届出（当該届出をする者が中長期在留者等となる前から引き続き介護保険の被保険者の資格を有する場合に限る。）　次に掲げる事項

イ　介護保険の被保険者となつた年月日

ロ　介護保険の被保険者証の番号

（国民年金の被保険者である者に係る届出の特例）

第二十九条　この章又は第四章の三の規定による届出をすべき者が国民年金の被保険者であるときは、その者は、当該届出に係る書面に、その資格を証する事項その他必要な事項で政令で定めるものを付記するものとする。

（国民年金の被保険者である者に係る届出の付記事項）

第二十八条　法第二十九条に規定する政令で定める事項は、次の各号に掲げる届出の区分に応じ、当該各号に掲げる事項とする。

一　転入届及び法第三十条の四十六の規定による届出　次に掲げる事項

イ　前住所地から引き続き同一の種別の国民年金の被保険者である者にあつては、当該国民年金の被保険者の種別及びその者が法第二十二条第一項第七号に規定する者又は第三十条の四十六の規定による届出を行う者である場合には、基礎年金番号

ロ　転入により国民年金の被保険者の種別に変更があつた者にあつては、変更後の国民年金の被保険者の種別及びその者が法第二十二条第一項第七号に規定する者又は第三十条の四十六の規定による届出を行う者である場合には、基礎年金番号

ハ　転入により国民年金の被保険者となつた者にあつては、国民年金の被保険者の種別並びにその者が前に国民年金の被保険者であつた

ことがある者である場合には、基礎年金番号及び国民年金の被保険者でなかつた間に氏名の変更があつたときは、最後に国民年金の被保険者でなくなつた当時の氏名

二　転居届及び転出届　国民年金の被保険者である旨

三　法第三十条の四十七の規定による届出　次に掲げる事項

イ　中長期在留者等となる前から引き続き同一の種別の国民年金の被保険者である者にあつては、当該国民年金の被保険者の種別及び基礎年金番号

ロ　中長期在留者等となつたことにより国民年金の被保険者の種別に変更があつた者にあつては、変更後の国民年金の被保険者の種別及び基礎年金番号

ハ　中長期在留者等となつたことにより国民年金の被保険者となつた者にあつては、国民年金の被保険者の種別並びにその者が前に国民年金の被保険者であつたことがある者である場合には、基礎年金番号及び国民年金の被保険者でなかつた間に氏名の変更があつたときは、最後に国民年金の被保険者で

（児童手当の支給を受けている者に係る届出の特例）

第二十九条の二　この章又は第四章の三の規定による届出をすべき者が児童手当の支給を受けている者であるときは、その者は、当該届出に係る書面に、その受給資格に関する事項で政令で定めるものを付記するものとする。

（米穀の配給を受ける者に係る届出の特例）

第三十条　この章又は第四章の三の規定による届出をすべき者が米穀の配給を受ける者であるときは、その者は、当該届出に係る書面に、米穀の配給に関する事項で**政令で定めるもの**を付記するものとする。

なくなつた当時の氏名

（児童手当の支給を受けている者に係る届出の付記事項）

第二十九条　法第二十九条の二に規定する政令で定める事項は、転居届及び転出届について、児童手当の支給を受けている者である旨とする。

（付記がされた書面で届出をする場合の特例）

第三十条　法第二十八条から第二十九条までの規定による付記がされた書面で届出をすべき者は、その者に係る国民健康保険の被保険者証若しくは被保険者資格証明書、後期高齢者医療の被保険者証若しくは被保険者資格証明書、介護保険の被保険者証又は国民年金手

第四章の二　本人確認情報の処理及び利用等

第一節　住民票コード

（住民票コードの指定）

第三十条の二　地方公共団体情報システム機構（以下「機構」という。）は、総務省令で定めるところにより、市町村長ごとに、当該市町村長が住民票に記載することのできる住民票コードを指定し、これを当該市町村長に通知するものとする。

2　機構は、前項の規定による住民票コードの指定を行う場合には、市町村長に対して指定する住民票コードが当該指定前に指定した住民票コードと重複しないようにしなければならない。

（住民票コードの記載等）

第三十条の三　市町村長は、次項に規定する場合を除き、住民票の記載をする場合には、当該記載に係る者につき直

帳（国民年金法第十三条の国民年金手帳をいう。）の交付を受けているときは、これらを添えて、その届出をしなければならない。

第四章の二　本人確認情報の処理及び利用等

（住民票コードの記載）

第三十条の二　市町村長は、法第三十条の三第二項に規定する場合を除き、住民票の記載をする場合において、当該

（住民票コードの指定等）

第九条　法第三十条の二第一項の規定による住民票コードの指定は、地方公共団体情報システム機構（以下「機構」という。）が市町村の人口等を勘案し、無作為に抽出することにより行うものとする。

2　市町村長（特別区の区長を含む。）は、住民票に記載することのできる住民票コードが不足すると見込まれるときは、機構に対し、当該不足すると見込まれる数の住民票コードについて法第三十条の二第一項の規定による指定及び通知を求めることができる。

近に住民票の記載をした市町村長が当該住民票に直近に記載した住民票コードを記載するものとする。

2　市町村長は、新たにその市町村の住民基本台帳に記録されるべき者につき住民票の記載をする場合において、その者がいずれの市町村においても住民基本台帳に記録されたことがない者であるときは、その者に係る住民票に前条第一項の規定により機構から指定された住民票コードのうちから選択するいずれか一の住民票コードを記載するものとする。この場合において、市町村長は、当該記載に係る者以外の者に係る住民票に記載した住民票コードと異なる住民票コードを選択して記載するものとする。

3　市町村長は、前項の規定により住民票コードを記載したときは、速やかに、当該記載に係る者に対し、その旨及び当該住民票コードを書面により通知しなければならない。

（住民票コードの記載の変更請求）

第三十条の四　住民基本台帳に記録されている者は、その者が記録されている住民基本台帳を備える市町村の市町村長に対し、その者に係る住民票に記載

記載に係る者につき直近に住民票の記載をした市町村長が当該住民票に直近に記載した住民票コードが判明しないときは、その者に係る住民票に法第三十条の二第一項の規定により地方公共団体情報システム機構（以下「機構」という。）から指定された住民票コードのうちから選択するいずれか一の新たな住民票コードを記載するものとする。この場合において、市町村長は、当該記載に係る者以外の者に係る住民票に記載した住民票コードと異なる住民票コードを選択して記載するものとする。

2　市町村長は、前項の規定により新たな住民票コードを記載したときは、速やかに、当該記載に係る者に対し、新たな住民票コードを記載した旨及び新たに記載された住民票コードを書面により通知しなければならない。

されている住民票コードの記載の変更を請求することができる。

2　前項の規定による住民票コードの記載の変更の請求（以下この条において「変更請求」という。）をしようとする者は、政令で定めるところにより、その旨その他総務省令で定める事項を記載した変更請求書を、その者が記録されている住民基本台帳を備える市町村の市町村長に提出しなければならない。

3　市町村長は、前項の変更請求書の提出があつた場合には、当該変更請求を

（住民票コードの記載の変更請求書の提出方法）

第三十条の三　法第三十条の四第一項の規定により住民票コードの記載の変更の請求をしようとする者は、同条第二項に規定する変更請求書を提出する際に、個人番号カード又は総務省令で定める書類を提示しなければならない。

（住民票コードの記載の変更請求書の提出の際に提示する書類）

第九条の二　令第三十条の三に規定する総務省令で定める書類は、次に掲げるいずれかの書類であつて、請求者の氏名が記載されているものとする。

一　運転免許証、健康保険の被保険者証その他法律又はこれに基づく命令の規定により交付された書類であつて当該請求者が本人であることを確認するため市町村長が適当と認めるもの

二　前号に掲げる書類をやむを得ない理由により提示することができない場合には、当該請求者が本人であることを確認するため市町村長が適当と認める書類

（住民票コードの記載の変更請求書の記載事項）

第十条　法第三十条の四第二項の総務省令で定める事項は、住民票コードの記載の変更を請求しようとする者の氏名、住所及び住民票コードとする。

した者に係る住民票に従前記載されていた住民票コードに代えて、第三十条の二第一項の規定により機構から指定された住民票コードのうちから選択するいずれか一の新たな住民票コードをその者に係る住民票に記載するものとする。この場合において、市町村長は、当該記載に係る者以外の者に係る住民票に記載した住民票コードと異なる住民票コードを選択して記載するものとする。

4　市町村長は、前項の規定により新たな住民票コードを記載したときは、速やかに、当該変更請求をした者に対し、住民票コードの記載の変更をした旨及び新たに記載された住民票コードを書面により通知しなければならない。

（政令への委任）

第三十条の五　前三条に定めるもののほか、住民票コードの記載に関し必要な事項は、政令で定める。

（住民票コードに係る住民票の記載の修正）

第三十条の四　市町村長は、住民票に住民票コードに係る誤記又は記載漏れがあることを知つたときは、当該事実を確認して、職権で、当該住民票の記載の修正をしなければならない。

2　市町村長は、前項の規定により住民票の記載の修正をしたときは、速やかに、当該記載の修正に係る者に対し、

第二節　本人確認情報の通知及び保存等

（市町村長から都道府県知事への本人確認情報の通知等）

第三十条の六　市町村長は、住民票の記載、消除又は第七条第一号から第三号まで、第七号、第八号の二及び第十三号に掲げる事項（同条第七号に掲げる事項については、住所とする。以下この項において同じ。）の全部若しくは一部についての記載の修正を行つた場合には、当該住民票の記載等に係る本人確認情報（住民票に記載されている同条第一号から第三号まで、第七号、第八号の二及び第十三号に掲げる事項（住民票の消除を行つた場合には、当該住民票に記載されていたこれらの事項）並びに住民票の記載等に関する事項で政令で定めるものをいう。以下同じ。）を都道府県知事に通知するものとする。

住民票コードに係る記載の修正をした旨及び新たに記載された住民票コードを書面により通知しなければならない。

（都道府県知事に通知する住民票の記載等に関する事項）

第三十条の五　法第三十条の六第一項に規定する住民票の記載等に関する事項で政令で定めるものは、次の各号に掲げる場合の区分に応じ、当該各号に定める事項とする。

一　住民票の記載を行つた場合　住民票の記載を行つた旨並びに転入その他の総務省令で定める記載の事由及びその事由が生じた年月日

二　住民票の消除を行つた場合　住民票の消除を行つた旨並びに転出その他の総務省令で定める消除の事由及びその事由が生じた年月日（転出届に基づき住民票の消除を行つた場合にあつては、転出の予定年月日）

三　法第七条第一号から第三号まで及び第七号に掲げる事項（同号に掲げる事項については、住所とする。）の全部又は一部についての記載の修

（都道府県知事に通知する住民票の記載等に関する事項）

第十一条　令第三十条の五第一号に規定する総務省令で定める記載の事由は、次に掲げる場合の区分に応じ、当該各号に定める事項とする。

一　法第二十二条、第三十条の四十六及び第三十条の四十七の規定による届出に基づき住民票の記載を行った場合　転入等

二　出生の届出（戸籍法（昭和二十二年法律第二百二十四号）第四十九条に規定する出生の届出をいう。以下この号において同じ。）の受理に伴い住民票の記載を行った場合又は法第九条第二項の規定による通知（出生の届出の受理に係るものに限る。）に基づき住民票の記載を行った場合　出生

三　前二号に掲げる場合以外の場合　職権記載等

正を行つた場合　住民票の記載の修正を行つた旨並びに転居その他の**総務省令で定める記載の修正の事由**及びその事由が生じた年月日

四　法第七条第八号の二に掲げる事項についての記載の修正を行つた場合　住民票の記載の修正を行つた旨、個人番号の変更請求その他の**総務省令で定める記載の修正の事由**及びその事由が生じた年月日並びに当該住民票の記載の修正前に記載されていた個人番号（当該住民票に個人番号が記載されていなかつた場合を除く。）

五　法第七条第十三号に掲げる事項についての記載の修正を行つた場合　住民票の記載の修正を行つた旨、**総務省令で定める記載の修正の事由**及びその事由が生じた年月日並びに当該住民票の記載の修正前に記載されていた住民票コード（当該住民票に住民票コードが記載されていなかつた場合を除く。）

2　令第三十条の五第二号に規定する総務省令で定める消除の事由は、次に掲げる場合の区分に応じ、当該各号に定める事項とする。

一　法第二十四条の規定による届出に基づき住民票の消除を行った場合　転出

二　死亡の届出（戸籍法第八十六条に規定する死亡の届出をいう。以下この号において同じ。）の受理に伴い住民票の消除を行った場合又は法第九条第二項の規定による通知（死亡の届出の受理に係るものに限る。）に基づき住民票の消除を行った場合　死亡

三　前二号に掲げる場合以外の場合　職権消除等

3　令第三十条の五第三号に規定する総務省令で定める記載の修正の事由は、次に掲げる場合の区分に応じ、当該各号に定める事項とする。

一　法第二十三条の規定による届出に基づき住民票の記載の修正を行った場合　転居

二　次に掲げる氏名又は住所に係る記載の修正を行った場合　軽微な修正

イ　常用平易な文字（戸籍法第五十条第一項に規定する常用平易な文

字をいう。以下同じ。）以外の文字の常用平易な文字への変更に伴う氏名又は住所に係る記載の修正
ロ　文字の同定に伴う氏名又は住所に係る記載の修正（イに該当するものを除く。）
ハ　行政区画、郡、区、市町村内の町若しくは字又はこれらの名称の変更に伴う住所に係る記載の修正
ニ　地番の変更に伴う住所に係る記載の修正
ホ　住居表示に関する法律（昭和三十七年法律第百十九号）第三条第一項及び第二項又は第四条の規定による住居表示の実施又は変更に伴う住所に係る記載の修正
ヘ　共同住宅、寄宿舎、下宿、病院、診療所、児童福祉施設、ホテル、旅館その他これらに類する用途に供する建築物の名称又は建物の賃貸人の変更に伴う住所に係る記載の修正
ト　イからヘまでに掲げるもののほか、総務大臣が適当と認めるものに伴う氏名又は住所に係る記載の修正
三　前二号に掲げる場合以外の場合
職権修正等

2　前項の規定による通知は、総務省令で定めるところにより、市町村長の使用に係る電子計算機から電気通信回線を通じて都道府県知事の使用に係る電

4　令第三十条の五第四号に規定する総務省令で定める記載の修正の事由は、次に掲げる場合の区分に応じ、当該各号に定める事項とする。

一　番号利用法第七条第二項の規定による個人番号の指定の請求に基づき個人番号の記載の修正を行った場合　個人番号の変更請求

二　番号利用法第七条第二項の規定により職権で個人番号の記載の修正を行った場合　個人番号の職権修正

三　前二号に掲げる場合以外の場合　個人番号の職権記載等

5　令第三十条の五第五号に規定する総務省令で定める記載の修正の事由は、次に掲げる場合の区分に応じ、当該各号に定める事項とする。

一　法第三十条の四第一項の規定による変更請求に基づき住民票コードの記載の修正を行った場合　住民票コードの変更請求

二　前号に掲げる場合以外の場合　住民票コードの職権記載等

（都道府県知事への通知の方法）

第十二条　法第三十条の六第二項の規定による通知は、電子計算機の操作によるものとし、電気通信回線を通じた送

子計算機に送信することによつて行うものとする。

3　第一項の規定による通知を受けた都道府県知事は、総務省令で定めるところにより、当該通知に係る本人確認情報を磁気ディスクに記録し、これを当該通知の日から政令で定める期間保存しなければならない。

（都道府県知事から機構への本人確認情報の通知等）

第三十条の七　都道府県知事は、前条第一項の規定による通知に係る本人確認

（都道府県における本人確認情報の保存期間）

第三十条の六　法第三十条の六第三項に規定する政令で定める期間は、次の各号に掲げる同条第一項に規定する本人確認情報（以下この条、次条及び第三十四条第三項において「本人確認情報」という。）の区分に応じ、当該本人確認情報の通知の日から当該各号に定める日までの期間とする。

一　住民票の記載又は記載の修正が行われたことにより通知された本人確認情報　当該本人確認情報に係る者に係る新たな本人確認情報の通知を受けた日から起算して百五十年を経過する日

二　住民票の消除が行われたことにより通知された本人確認情報　当該本人確認情報の通知の日から起算して百五十年を経過する日

信の方法に関する技術的基準については、総務大臣が定める。

（都道府県における本人確認情報の記録及び保存の方法）

第十三条　法第三十条の六第三項の規定による本人確認情報の記録及び保存は、電子計算機の操作によるものとし、磁気ディスクへの記録及びその保存の方法に関する技術的基準については、総務大臣が定める。

情報を、機構に通知するものとする。

2　前項の規定による通知は、総務省令で定めるところにより、都道府県知事の使用に係る電子計算機から電気通信回線を通じて機構の使用に係る電子計算機に送信することによつて行うものとする。

3　第一項の規定による通知を受けた機構は、総務省令で定めるところにより、当該通知に係る本人確認情報を磁気ディスクに記録し、これを当該通知の日から政令で定める期間保存しなければならない。

（本人確認情報の誤りに関する機構の通報）

（機構における本人確認情報の保存期間）

第三十条の七　法第三十条の七第三項に規定する政令で定める期間は、次の各号に掲げる本人確認情報の通知の区分に応じ、当該本人確認情報の通知の日から当該各号に定める日までの期間とする。

一　住民票の記載又は記載の修正が行われたことにより通知された本人確認情報　当該本人確認情報に係る者に係る新たな本人確認情報の通知を受けた日から起算して百五十年を経過する日

二　住民票の消除が行われたことにより通知された本人確認情報　当該本人確認情報の通知の日から起算して百五十年を経過する日

（機構への通知の方法）

第十四条　法第三十条の七第二項の規定による通知は、電子計算機の操作によるものとし、電気通信回線を通じた送信の方法に関する技術的基準については、総務大臣が定める。

（機構における本人確認情報の記録及び保存の方法）

第十五条　法第三十条の七第三項の規定による本人確認情報の記録及び保存は、電子計算機の操作によるものとし、磁気ディスクへの記録及びその保存の方法に関する技術的基準については、総務大臣が定める。

第三十条の八　機構は、その事務を管理し、又は執行するに当たつて、第三十条の六第三項の規定により都道府県知事が保存する本人確認情報であつて同項の規定による保存期間が経過していないもの（以下「都道府県知事保存本人確認情報」という。）に誤りがあることを知つたときは、遅滞なく、その旨を当該都道府県知事保存本人確認情報を保存する都道府県知事に通報するものとする。

第三節　本人確認情報の提供及び利用等

（国の機関等への本人確認情報の提供）

第三十条の九　機構は、別表第一の上欄に掲げる国の機関又は法人から同表の下欄に掲げる事務の処理に関し求めがあつたときは、政令で定めるところにより、第三十条の七第三項の規定により機構が保存する本人確認情報であつて同項の規定による保存期間が経過していないもの（以下「機構保存本人確認情報」という。）のうち住民票コード以外のものを提供するものとする。ただし、個人番号については、当該別表第一の上欄に掲げる国の機関又は法

（国の機関等への本人確認情報の提供方法）

第三十条の八　機構が行う法第三十条の九の規定による同条に規定する機構保存本人確認情報のうち住民票コード以外のもの（以下この章において「特定機構保存本人確認情報」という。）の法別表第一の上欄に掲げる国の機関又は法人（以下この条において「国の機関等」という。）への提供は、次のいずれかの方法により行うものとする。

一　総務省令で定めるところにより、機構の使用に係る電子計算機から電

（国の機関等への本人確認情報の提供方法）

第十六条　令第三十条の八第一号及び第二号の規定による特定機構保存本人確認情報（同条に規定する特定機構保存本人確認情報をいう。以下同じ。）の提供は、電子計算機の操作によるものとし、電気通信回線を通じた送信又は磁気ディスクの送付の方法に関する技術的基準については、総務大臣が定める。

人が番号利用法第九条第一項の規定により個人番号を利用することができる場合に限り、提供するものとする。

（通知都道府県の区域内の市町村の執行機関への本人確認情報の提供）

第三十条の十　機構は、次の各号のいずれかに該当する場合には、政令で定めるところにより、本人確認情報を第三十条の七第一項の規定により通知した都道府県知事が統括する都道府県（以下「通知都道府県」という。）の区域内の市町村の市町村長その他の執行機関に対し、機構保存本人確認情報（第一号及び第二号に掲げる場合にあつては、住民票コードを除く。）を提供するものとする。ただし、第一号に掲げる場合にあつては、個人番号については、当該市町村長その他の市町村の執行機関が番号利用法第九条第一項の規定により個人番号を利用することができる場合に限り、提供するものとする。

一　通知都道府県の区域内の市町村の市町村長その他の執行機関であつて

気通信回線を通じて国の機関等の使用に係る電子計算機に特定機構保存本人確認情報を送信する方法

二　総務省令で定めるところにより、機構から特定機構保存本人確認情報を記録した磁気ディスクを国の機関等に送付する方法

（通知都道府県の区域内の市町村の執行機関への本人確認情報の提供方法）

第三十条の九　機構が行う法第三十条の十第一項（第一号及び第二号に係る部分に限る。）の規定による特定機構保存本人確認情報の通知都道府県（同項に規定する通知都道府県をいう。次条及び第三十条の十一において同じ。）の区域内の市町村の市町村長その他の執行機関（以下この条において「区域内の市町村の執行機関」という。）への提供は、次のいずれかの方法により行うものとする。

一　総務省令で定めるところにより、機構の使用に係る電子計算機から電気通信回線を通じて区域内の市町村の執行機関の使用に係る電子計算機に特定機構保存本人確認情報を送信する方法

二　総務省令で定めるところにより、

（通知都道府県の区域内の市町村の執行機関への本人確認情報の提供方法）

第十七条　令第三十条の九第一号及び第二号の規定による特定機構保存本人確認情報の提供は、電子計算機の操作によるものとし、電気通信回線を通じた送信又は磁気ディスクの送付の方法に関する技術的基準については、総務大臣が定める。

別表第二の上欄に掲げるものから同表の下欄に掲げる事務の処理に関し求めがあつたとき。

二　通知都道府県の区域内の市町村の市町村長その他の執行機関から番号利用法第九条第二項の規定に基づき条例で定める事務の処理に関し求めがあつたとき。

三　通知都道府県の区域内の市町村の市町村長から住民基本台帳に関する事務の処理に関し求めがあつたとき。

2　前項（第三号に係る部分に限る。）の規定による通知都道府県の区域内の市町村の市町村長への機構保存本人確認情報の提供は、総務省令で定めるところにより、機構の使用に係る電子計算機から電気通信回線を通じて当該市町村長の使用に係る電子計算機に送信することによつて行うものとする。ただし、特別の求めがあつたときは、この限りでない。

（通知都道府県以外の都道府県の執行機関への本人確認情報の提供）

第三十条の十一　機構は、次の各号のいずれかに該当する場合には、政令で定めるところにより、通知都道府県以外

機構から特定機構保存本人確認情報を記録した磁気ディスクを区域内の市町村の執行機関に送付する方法

（通知都道府県以外の都道府県の執行機関への本人確認情報の提供方法）

第三十条の十　機構が行う法第三十条の十一第一項（第一号及び第二号に係る部分に限る。）の規定による特定機構

（通知都道府県の区域内の市町村の市町村長への本人確認情報の提供方法）

移動

第二十条　法第三十条の十第二項の規定による機構保存本人確認情報（法第三十条の九に規定する機構保存本人確認情報をいう。以下同じ。）の提供は、電子計算機の操作によるものとし、電気通信回線を通じた送信の方法に関する技術的基準については、総務大臣が定める。

（通知都道府県以外の都道府県の執行機関への本人確認情報の提供方法）

第十八条　令第三十条の十第一号及び第二号の規定による特定機構保存本人確認情報の提供は、電子計算機の操作に

の都道府県知事その他の執行機関に対し、機構保存本人確認情報（第一号及び第二号に掲げる場合にあつては、住民票コードを除く。）を提供するものとする。ただし、第一号に掲げる場合にあつては、個人番号については、当該都道府県知事その他の都道府県の執行機関が番号利用法第九条第一項の規定により個人番号を利用することができる場合に限り、提供するものとする。

一　通知都道府県以外の都道府県の都道府県知事その他の執行機関であつて別表第三の上欄に掲げるものから同表の下欄に掲げる事務の処理に関し求めがあつたとき。

二　通知都道府県以外の都道府県の都道府県知事その他の執行機関から番号利用法第九条第二項の規定に基づき条例で定める事務の処理に関し求めがあつたとき。

三　通知都道府県以外の都道府県の都道府県知事から第三十条の二十二第二項の規定による事務の処理に関し求めがあつたとき。

2　前項（第三号に係る部分に限る。）の規定による通知都道府県以外の都道府県の都道府県知事への機構保存本人

保存本人確認情報の通知都道府県以外の都道府県の都道府県知事その他の執行機関（以下この条において「他の都道府県の執行機関」という。）への提供は、次のいずれかの方法により行うものとする。

一　総務省令で定めるところにより、機構の使用に係る電子計算機から電気通信回線を通じて他の都道府県の執行機関の使用に係る電子計算機に特定機構保存本人確認情報を送信する方法

二　総務省令で定めるところにより、機構から特定機構保存本人確認情報を記録した磁気ディスクを他の都道府県の執行機関に送付する方法

よるものとし、電気通信回線を通じた送信又は磁気ディスクの送付の方法に関する技術的基準については、総務大臣が定める。

（通知都道府県以外の都道府県の都道府県知事への本人確認情報の提供方法）

確認情報の提供は、総務省令で定めるところにより、機構の使用に係る電子計算機から電気通信回線を通じて当該都道府県知事の使用に係る電子計算機に送信することによつて行うものとする。ただし、特別の求めがあつたときは、この限りでない。

（通知都道府県以外の都道府県の区域内の市町村の執行機関への本人確認情報の提供）

第三十条の十二　機構は、次の各号のいずれかに該当する場合には、政令で定めるところにより、通知都道府県以外の都道府県の区域内の市町村の市町村長その他の執行機関に対し、機構保存本人確認情報（第一号及び第二号に掲げる場合にあつては、住民票コードを除く。）を提供するものとする。ただし、第一号に掲げる場合にあつては、個人番号については、当該市町村長その他の市町村の執行機関が番号利用法第九条第一項の規定により個人番号を利用することができる場合に限り、提供するものとする。

一　通知都道府県以外の都道府県の区域内の市町村の市町村長その他の執行機関であつて別表第四の上欄に掲

（通知都道府県以外の都道府県の区域内の市町村の執行機関への本人確認情報の提供方法）

第三十条の十一　機構が行う法第三十条の十二第一項（第一号及び第二号に係る部分に限る。）の規定による特定機構保存本人確認情報の通知都道府県以外の都道府県の区域内の市町村の市町村長その他の執行機関（以下この条において「他の都道府県の区域内の市町村の執行機関」という。）への提供は、次のいずれかの方法により行うものとする。

一　総務省令で定めるところにより、機構の使用に係る電子計算機から電気通信回線を通じて他の都道府県の区域内の市町村の執行機関の使用に係る電子計算機に特定機構保存本人確認情報を送信する方法

二　総務省令で定めるところにより、

第二十条の二　法第三十条の十一第二項の規定による機構保存本人確認情報の提供は、電子計算機の操作によるものとし、電気通信回線を通じた送信の方法に関する技術的基準については、総務大臣が定める。

（通知都道府県以外の都道府県の区域内の市町村の執行機関への本人確認情報の提供方法）

第十九条　令第三十条の十一第一号及び第二号の規定による特定機構保存本人確認情報の提供は、電子計算機の操作によるものとし、電気通信回線を通じた送信又は磁気ディスクの送付の方法に関する技術的基準については、総務大臣が定める。

げるものから通知都道府県以外の都道府県の都道府県知事を経て同表の下欄に掲げる事務の処理に関し求めがあつたとき。

二　通知都道府県以外の都道府県の区域内の市町村の市町村長その他の執行機関から番号利用法第九条第二項の規定に基づき条例で定める事務の処理に関し求めがあつたとき。

三　通知都道府県以外の都道府県の区域内の市町村の市町村長から通知都道府県以外の都道府県の都道府県知事を経て住民基本台帳に関する事務の処理に関し求めがあつたとき。

2　前項（第三号に係る部分に限る。）の規定による通知都道府県以外の都道府県の区域内の市町村の市町村長への機構保存本人確認情報の提供は、総務省令で定めるところにより、機構の使用に係る電子計算機から電気通信回線を通じて当該市町村長の使用に係る電子計算機に送信することによつて行うものとする。ただし、特別の求めがあつたときは、この限りでない。

（都道府県の条例による本人確認情報の提供）

第三十条の十三　都道府県知事は、当該

機構から特定機構保存本人確認情報を記録した磁気ディスクを他の都道府県の区域内の市町村の執行機関に送付する方法

（通知都道府県以外の都道府県の区域内の市町村の市町村長への本人確認情報の提供方法）

第二十条の三　法第三十条の十二第二項の規定による機構保存本人確認情報の提供は、電子計算機の操作によるものとし、電気通信回線を通じた送信の方法に関する技術的基準については、総務大臣が定める。

都道府県の区域内の市町村の市町村長その他の執行機関であつて条例で定めるものから条例で定める事務の処理に関し求めがあつたときは、条例で定めるところにより、当該市町村長その他の市町村の執行機関に対し、都道府県知事保存本人確認情報（住民票コード及び個人番号を除く。以下この条において同じ。）を提供するものとする。

2　都道府県知事は、他の都道府県の都道府県知事その他の執行機関であつて条例で定めるものから条例で定める事務の処理に関し求めがあつたときは、条例で定めるところにより、当該都道府県知事その他の都道府県の執行機関に対し、都道府県知事保存本人確認情報を提供するものとする。

3　都道府県知事は、他の都道府県の区域内の市町村の市町村長その他の執行機関であつて条例で定めるものから他の都道府県の都道府県知事を経て条例で定める事務の処理に関し求めがあつたときは、条例で定めるところにより、当該市町村長その他の市町村の執行機関に対し、都道府県知事保存本人確認情報を提供するものとする。

（市町村の条例による本人確認情報の

提供）

第三十条の十四　市町村長は、他の市町村の市町村長その他の執行機関であって条例で定めるものから条例で定める事務の処理に関し求めがあったときは、条例で定めるところにより、当該市町村長その他の市町村の執行機関に対し、本人確認情報（住民票コード及び個人番号を除く。）を提供するものとする。

（本人確認情報の利用）

第三十条の十五　都道府県知事は、次の各号のいずれかに該当する場合には、都道府県知事保存本人確認情報（住民票コードを除く。次項において同じ。）を利用することができる。ただし、個人番号については、当該都道府県知事が番号利用法第九条第一項又は第二項の規定により個人番号を利用することができる場合に限り、利用することができるものとする。

一　別表第五に掲げる事務を遂行するとき。

二　条例で定める事務を遂行するとき。

三　本人確認情報の利用につき当該本人確認情報に係る本人が同意した事務を遂行するとき。

四　統計資料の作成を行うとき。

2　都道府県知事は、次の各号のいずれかに該当する場合には、第一号に掲げる場合にあつては政令で定めるところにより、第二号に掲げる場合にあつては条例で定めるところにより、都道府県知事以外の当該都道府県の執行機関に対し、都道府県知事保存本人確認情報を提供するものとする。ただし、個人番号については、当該都道府県の執行機関が番号利用法第九条第一項又は第二項の規定により個人番号を利用することができる場合に限り、提供するものとする。

一　都道府県知事以外の当該都道府県の執行機関であつて別表第六の上欄に掲げるものから同表の下欄に掲げる事務の処理に関し求めがあつたとき。

二　都道府県知事以外の当該都道府県の執行機関であつて条例で定めるものから条例で定める事務の処理に関し求めがあつたとき。

3　機構は、機構保存本人確認情報（個人番号を除く。）を、電子署名等に係る地方公共団体情報システム機構の認証業務に関する法律（平成十四年法律第百五十三号）第八条、第十二条、第十三条、第十八条第三項、第二十七条、

（都道府県知事以外の当該都道府県の執行機関への本人確認情報の提供方法）

第三十条の十二　都道府県知事が行う法第三十条の十五第二項（第一号に係る部分に限る。）の規定による法第三十条の八に規定する都道府県知事保存本人確認情報のうち住民票コード以外のもの（以下この条において「特定都道府県知事保存本人確認情報」という。）の都道府県知事以外の当該都道府県の執行機関（以下この条において「都道府県知事以外の執行機関」という。）への提供は、次のいずれかの方法により行うものとする。

一　総務省令で定めるところにより、都道府県知事の使用に係る電子計算機から電気通信回線を通じて都道府県知事以外の執行機関の使用に係る電子計算機に特定都道府県知事保存本人確認情報を送信する方法

二　総務省令で定めるところにより、都道府県知事から特定都道府県知事保存本人確認情報を記録した磁気ディスクを都道府県知事以外の執行機関に送付する方法

（都道府県知事以外の当該都道府県の執行機関への本人確認情報の提供方法）

第二十一条　令第三十条の十二の規定による特定都道府県知事保存本人確認情報（同条に規定する特定都道府県知事保存本人確認情報をいう。）の提供は、電子計算機の操作によるものとし、電気通信回線を通じた送信又は磁気ディスクの送付の方法に関する技術的基準については、総務大臣が定める。

第三十条、第三十一条及び第三十四条第二項の規定による事務に利用することができる。

4　機構は、機構保存本人確認情報を、番号利用法第八条第二項の規定による事務に利用することができる。

（報告書の公表）

第三十条の十六　機構は、毎年少なくとも一回、第三十条の九の規定による機構保存本人確認情報の提供の状況について、総務省令で定めるところにより、報告書を作成し、これを公表しなければならない。

（本人確認情報管理規程）

第三十条の十七　機構は、この法律の規定により機構が処理することとされている事務（以下「本人確認情報処理事務」という。）の実施に関し総務省令で定める事項について本人確認情報管理規程を定め、総務大臣の認可を受けなければならない。これを変更しようとするときも、同様とする。

（機構における本人確認情報の提供状況についての報告書の作成及び公表）

第二十二条　法第三十条の十六の規定による報告書の作成及び公表は、機構保存本人確認情報の提供先、機構保存本人確認情報の提供を行った年月、提供した機構保存本人確認情報の件数及び機構保存本人確認情報の提供の方法につき報告書を作成し、官報に公告し、かつ、機構の事務所に備えて置き、五年間、一般の閲覧に供するものとする。

（本人確認情報管理規程の記載事項）

第二十三条　法第三十条の十七第一項の総務省令で定める事項は、次のとおりとする。

一　法第三十条の七第一項の規定による通知に係る本人確認情報（以下「本人確認情報」という。）の適正な管理に関する職員の意識の啓発及び教育に関する事項

2　総務大臣は、前項の規定により認可をした本人確認情報管理規程が本人確認情報処理事務の適正かつ確実な実施上不適当となつたと認めるときは、機構に対し、これを変更すべきことを命ずることができる。

二　法第三十条の十七第一項に定める事務（以下「本人確認情報処理事務」という。）の実施に係る事務を統括管理する者に関する事項
三　本人確認情報の消去を適切に実施するための必要な措置に関する事項
四　本人確認情報の漏えい、滅失及び毀損を防止するための措置に関する事項
五　本人確認情報処理事務に関する帳簿、書類、資料及び磁気ディスクの保存に関する事項
六　本人確認情報処理事務に関して知り得た秘密の保持に関する事項
七　本人確認情報の処理に係る電子計算機及び端末装置を設置する場所の入出場の管理その他これらの施設への不正なアクセスを予防するための措置に関する事項
八　本人確認情報の処理に係る電子計算機及び端末装置が不正に操作された疑いがある場合における調査その他不正な操作に対する必要な措置に関する事項
九　本人確認情報処理事務の実施に係る監査に関する事項
十　前各号に掲げるもののほか、本人確認情報の適切な管理を図るための

（帳簿の備付け）
第三十条の十八　機構は、総務省令で定めるところにより、本人確認情報処理事務に関する事項で総務省令で定めるものを記載した帳簿を備え、保存しなければならない。

（監督命令等）
第三十条の十九　総務大臣は、本人確認情報処理事務の適正な実施を確保するため必要があると認めるときは、機構に対し、本人確認情報処理事務の実施

必要な措置に関する事項

2　機構は、法第三十条の十七第一項前段の規定による認可を受けようとするときは、その旨を記載した申請書に本人確認情報管理規程を添えて総務大臣に提出しなければならない。

3　機構は、法第三十条の十七第一項後段の規定による変更の認可を受けようとするときは、次に掲げる事項を記載した申請書を総務大臣に提出しなければならない。

一　変更しようとする事項

二　変更しようとする年月日

三　変更の理由

（帳簿の記載）
第二十四条　法第三十条の十八の総務省令で定める事項は、機構保存本人確認情報の提供先、機構保存本人確認情報の提供を行った年月日、提供した機構保存本人確認情報の件数及び機構保存本人確認情報の提供の方法とする。

に関し監督上必要な命令をすることができる。

（報告及び立入検査）

第三十条の二十　総務大臣は、本人確認情報処理事務の適正な実施を確保するため必要があると認めるときは、機構に対し、本人確認情報処理事務の実施の状況に関し必要な報告を求め、又はその職員に、機構の事務所に立ち入り、本人確認情報処理事務の実施の状況若しくは帳簿、書類その他の物件を検査させることができる。

2　前項の規定により立入検査をする職員は、その身分を示す証明書を携帯し、関係人の請求があつたときは、これを提示しなければならない。

3　第一項の規定による立入検査の権限は、犯罪捜査のために認められたものと解釈してはならない。

（都道府県知事に対する技術的な助言等）

第三十条の二十一　機構は、都道府県知事に対し、第三十条の六第一項の規定による通知に係る本人確認情報の電子計算機処理（電子計算機を使用して行われる情報の入力、蓄積、編集、加工、修正、更新、検索、消去、出力又はこれらに類する処理をいう。以下同じ。）に関し必要な技術的な助言及び情報の提供を行うものとする。

（市町村間の連絡調整等）

第三十条の二十二　都道府県知事は、第三十条の六第二項の規定による電気通信回線を通じた本人確認情報の送信その他この章に規定する市町村の事務の処理に関し、当該都道府県の区域内の市町村相互間における必要な連絡調整を行うものとする。

2　都道府県知事は、当該都道府県の区域内の市町村の市町村長に対し、住民基本台帳に住民に関する正確な記録が行われるよう、必要な協力をするものとする。

3　機構は、都道府県知事に対し、当該都道府県の区域内の市町村の住民基本台帳に住民に関する正確な記録が行われるよう、必要な協力をしなければならない。

（本人確認情報の提供に関する手数料）

第三十条の二十三　機構は、第三十条の九に規定する求めを行う別表第一の上欄に掲げる国の機関又は法人から、総務大臣の認可を受けて定める額の手数料を徴収することができる。

第四節　本人確認情報の保護

（本人確認情報の安全確保）

第三十条の二十四　都道府県知事は、第三十条の六第一項の規定による通知に係る本人確認情報の電子計算機処理等（電子計算機処理又は情報の入力のための準備作業若しくは磁気ディスクの保管をいう。以下同じ。）を行うに当たつては、当該本人確認情報の漏えい、滅失及び毀損の防止その他の当該本人確認情報の適切な管理のために必要な措置を講じなければならない。

2　機構は、第三十条の七第一項の規定による通知に係る本人確認情報の電子計算機処理等を行うに当たつては、当該本人確認情報の漏えい、滅失及び毀損の防止その他の当該本人確認情報の適切な管理のために必要な措置を講じなければならない。

3　前二項の規定は、都道府県知事又は機構から第三十条の六第一項又は第三十条の七第一項の規定による通知に係る本人確認情報の電子計算機処理等の委託（二以上の段階にわたる委託を含む。）を受けた者が受託した業務を行う場合について準用する。

（本人確認情報の提供及び利用の制限）

第三十条の二十五　都道府県知事は、第三十条の十三、第三十条の十五第一項若しくは第二項又は第三十七条第二項の規定により都道府県知事保存本人確認情報を提供し、又は利用する場合を除き、第三十条の六第一項の規定による通知に係る本人確認情報を提供し、又は利用してはならない。

2　機構は、第三十条の九から第三十条の十二まで、第三十条の十五第三項若しくは第四項又は第三十七条第二項の規定により機構保存本人確認情報を提供し、又は利用する場合を除き、第三十条の七第一項の規定による通知に係る本人確認情報を提供し、又は利用してはならない。

（本人確認情報の電子計算機処理等に従事する市町村若しくは都道府県又は機構の職員等の秘密保持義務）

第三十条の二十六　本人確認情報の電子計算機処理等に関する事務に従事する市町村の職員若しくは職員であつた者又は第三十条の六第一項の規定による

通知に係る本人確認情報の電子計算機処理等に関する事務に従事する都道府県の職員若しくは職員であつた者は、その事務に関して知り得た本人確認情報の電子計算機処理等に関する秘密又は本人確認情報に関する秘密を漏らしてはならない。

2　市町村長若しくは都道府県知事から本人確認情報若しくは第三十条の六第一項の規定による通知に係る本人確認情報の電子計算機処理等の委託（二以上の段階にわたる委託を含む。）を受けた者若しくはその役員若しくは職員又はこれらの者であつた者は、その委託された業務に関して知り得た本人確認情報に関する秘密又は本人確認情報の電子計算機処理等に関する秘密を漏らしてはならない。

3　機構の役員若しくは職員（地方公共団体情報システム機構法（平成二十五年法律第二十九号）第二十五条第一項に規定する本人確認情報保護委員会の委員を含む。）又はこれらの職にあつた者は、本人確認情報処理事務に関して知り得た秘密を漏らしてはならない。

4　機構から第三十条の七第一項の規定による通知に係る本人確認情報の電子計算機処理等の委託（二以上の段階に

わたる委託を含む。）を受けた者若しくはその役員若しくは職員又はこれらの者であつた者は、その委託された業務に関して知り得た本人確認情報に関する秘密又は本人確認情報の電子計算機処理等に関する秘密を漏らしてはならない。

（本人確認情報に係る住民に関する記録の保護）

第三十条の二十七　都道府県知事の委託（二以上の段階にわたる委託を含む。）を受けて行う第三十条の六第一項の規定による通知に係る本人確認情報の電子計算機処理等に関する事務に従事している者又は従事していた者は、その事務に関して知り得た事項をみだりに他人に知らせ、又は不当な目的に使用してはならない。

2　機構の委託（二以上の段階にわたる委託を含む。）を受けて行う第三十条の七第一項の規定による通知に係る本人確認情報の電子計算機処理等に関する事務に従事している者又は従事していた者は、その事務に関して知り得た事項をみだりに他人に知らせ、又は不当な目的に使用してはならない。

（受領者等による本人確認情報の安全確保）

第三十条の二十八　第三十条の九から第三十条の十四まで若しくは第三十条の十五第二項の規定により本人確認情報の提供を受けた市町村長その他の市町村の執行機関若しくは都道府県知事その他の都道府県の執行機関又は別表第一の上欄に掲げる国の機関若しくは法人（以下「受領者」という。）がこれらの規定により提供を受けた本人確認情報（以下「受領した本人確認情報」という。）の電子計算機処理等を行うに当たつては、受領者は、受領した本人確認情報の漏えい、滅失及び毀損の防止その他の当該本人確認情報の適切な管理のために必要な措置を講じなければならない。

2　前項の規定は、受領者から受領した本人確認情報の電子計算機処理等の委託（二以上の段階にわたる委託を含む。）を受けた者が受託した業務を行う場合について準用する。

（受領者の本人確認情報の利用及び提供の制限）

第三十条の二十九　受領者は、その者が処理する事務であつてこの法律の定めるところにより当該事務の処理に関し本人確認情報の提供を求めることができることとされているものの遂行に必要な範囲内で、受領した本人確認情報を利用し、又は提供するものとし、当該事務の処理以外の目的のために受領した本人確認情報の全部又は一部を利用し、又は提供してはならない。

（本人確認情報の電子計算機処理等に従事する受領者の職員等の秘密保持義務）

第三十条の三十　第三十条の十から第三十条の十四まで又は第三十条の十五第二項の規定により市町村長その他の市町村の執行機関又は都道府県知事その他の都道府県の執行機関が提供を受けた本人確認情報の電子計算機処理等に関する事務に従事する市町村又は都道府県の職員又は職員であつた者は、その事務に関して知り得た本人確認情報に関する秘密又は本人確認情報の電子計算機処理等に関する秘密を漏らしてはならない。

2　第三十条の九の規定により別表第一の上欄に掲げる国の機関又は法人が提供を受けた本人確認情報の電子計算機処理等に関する事務に従事する同欄に

掲げる国の機関の職員若しくは職員であつた者又は同欄に掲げる法人の役員若しくは職員若しくはこれらの職にあつた者は、その事務に関して知り得た本人確認情報に関する秘密又は本人確認情報の電子計算機処理等に関する秘密を漏らしてはならない。

3　受領者から受領した本人確認情報の電子計算機処理等の委託（二以上の段階にわたる委託を含む。）を受けた者若しくはその役員若しくは職員又はこれらの者であつた者は、その委託された業務に関して知り得た本人確認情報に関する秘密又は本人確認情報の電子計算機処理等に関する秘密を漏らしてはならない。

（受領した本人確認情報に係る住民に関する記録の保護）

第三十条の三十一　受領者の委託（二以上の段階にわたる委託を含む。）を受けて行う受領した本人確認情報の電子計算機処理等に関する事務に従事している者又は従事していた者は、その事務に関して知り得た事項をみだりに他人に知らせ、又は不当な目的に使用してはならない。

（自己の本人確認情報の開示）
第三十条の三十二　何人も、都道府県知事又は機構に対し、第三十条の六第三項又は第三十条の七第三項の規定により磁気ディスクに記録されている自己に係る本人確認情報について、書面により、その開示（自己に係る本人確認情報が存在しないときにその旨を知らせることを含む。以下同じ。）を請求することができる。

2　都道府県知事又は機構は、前項の開示の請求（以下この項及び次条第一項において「開示請求」という。）があつたときは、開示請求をした者（以下この項及び次条第二項において「開示請求者」という。）に対し、書面により、当該開示請求に係る本人確認情報について開示をしなければならない。ただし、開示請求者の同意があるときは、書面以外の方法により開示をすることができる。

（開示の期限）
第三十条の三十三　前条第二項の規定による開示は、開示請求を受理した日から起算して三十日以内にしなければならない。

2　都道府県知事又は機構は、事務処理

上の困難その他正当な理由により前項に規定する期間内に開示をすることができないときは、同項に規定する期間内に、開示請求者に対し、同項の期間内に開示をすることができない理由及び開示の期限を書面により通知しなければならない。

（開示の手数料）
第三十条の三十四　第三十条の三十二第一項の規定により機構に対し自己に係る本人確認情報の開示を請求する者は、機構が総務大臣の認可を受けて定める額の手数料を納めなければならない。

（自己の本人確認情報の訂正）
第三十条の三十五　都道府県知事又は機構は、第三十条の三十二第二項の規定により開示を受けた者から、書面により、開示に係る本人確認情報についてその内容の全部又は一部の訂正、追加又は削除の申出があつたときは、遅滞なく調査を行い、その結果を当該申出をした者に対し、書面で通知するものとする。

（苦情処理）
第三十条の三十六　都道府県知事又は機

構は、この法律の規定により都道府県が処理する事務又は機構が行う本人確認情報処理事務の実施に関する苦情の適切かつ迅速な処理に努めなければならない。

（住民票コードの告知要求制限）

第三十条の三十七　市町村長は、この法律の規定による事務の遂行のため必要がある場合を除き、何人に対しても、当該市町村の住民以外の者に係る住民票に記載された住民票コードを告知することを求めてはならない。

2　都道府県知事は、この法律の規定による事務の遂行のため必要がある場合を除き、何人に対しても、その者又はその者以外の者に係る住民票に記載された住民票コードを告知することを求めてはならない。

3　機構は、本人確認情報処理事務の遂行のため必要がある場合を除き、何人に対しても、その者又はその者以外の者に係る住民票に記載された住民票コードを告知することを求めてはならない。

（住民票コードの利用制限等）

第三十条の三十八　市町村長、都道府県

知事又は機構（以下この条において「市町村長等」という。）以外の者は、何人も、自己と同一の世帯に属する者以外の者（以下この条において「第三者」という。）に対し、当該第三者又は当該第三者以外の者に係る住民票に記載された住民票コードを告知することを求めてはならない。

2　市町村長等以外の者は、何人も、その者が業として行う行為に関し、その者に対し売買、貸借、雇用その他の契約（以下この項において「契約」という。）の申込みをしようとする第三者若しくは申込みをする第三者又はその者と契約の締結をした第三者に対し、当該第三者又は当該第三者以外の者に係る住民票に記載された住民票コードを告知することを求めてはならない。

3　市町村長等以外の者は、何人も、業として、住民票コードの記録されたデータベース（第三者に係る住民票に記載された住民票コードを含む当該第三者に関する情報の集合物であつて、それらの情報を電子計算機を用いて検索することができるように体系的に構成したものをいう。以下この項において同じ。）であつて、当該データベースに記録された情報が他に提供されることが予定されているものを構成してはならない。

4　都道府県知事は、前二項の規定に違反する行為が行われた場合において、当該行為をした者が更に反復してこれらの規定に違反する行為をするおそれがあると認めるときは、当該行為をした者に対し、当該行為を中止することを勧告し、又は当該行為が中止されることを確保するために必要な措置を講ずることを勧告することができる。

5　都道府県知事は、前項の規定による勧告を受けた者がその勧告に従わないときは、第三十条の四十第一項に規定する都道府県の審議会の意見を聴いて、その者に対し、期限を定めて、当該勧告に従うべきことを命ずることができる。

（報告及び検査）

第三十条の三十九　都道府県知事は、前条第四項又は第五項の規定による措置に関し必要があると認めるときは、その必要と認められる範囲内において、同条第二項又は第三項の規定に違反していると認めるに足りる相当の理由がある者に対し、必要な事項に関し報告を求め、又はその職員に、これらの規定に違反していると認めるに足りる相当の理由がある者の事務所若しくは事業所に立ち入り、帳簿、書類その他の物件を検査させることができる。

2　前項の規定により立入検査をする職員は、その身分を示す証明書を携帯し、関係人の請求があつたときは、これを提示しなければならない。

3　第一項の規定による立入検査の権限は、犯罪捜査のために認められたものと解釈してはならない。

（都道府県の審議会の設置）

第三十条の四十　都道府県に、第三十条の六第一項の規定による通知に係る本人確認情報の保護に関する審議会（以下この条において「都道府県の審議会」という。）を置く。

2　都道府県の審議会は、この法律の規定によりその権限に属させられた事項を調査審議するほか、都道府県知事の諮問に応じ、当該都道府県における第三十条の六第一項の規定による通知に係る本人確認情報の保護に関する事項を調査審議し、及びこれらの事項に関して都道府県知事に建議することができる。

3　都道府県の審議会の組織及び運営に関し必要な事項は、条例で定める。

第三十条の四十一から第三十条の四十四

第三十条の十三から第三十条の二十四ま

第二十五条から第四十四条まで　削除

まで　削除

第四章の三　外国人住民に関する特例

（外国人住民に係る住民票の記載事項の特例）

第三十条の四十五　日本の国籍を有しない者のうち次の表の上欄に掲げるものであつて市町村の区域内に住所を有するもの（以下「外国人住民」という。）に係る住民票には、第七条の規定にかかわらず、同条各号（第五号、第六号及び第九号を除く。）に掲げる事項、国籍等（国籍の属する国又は出入国管理及び難民認定法（昭和二十六年政令第三百十九号。以下この章において「入管法」という。）第二条第五号ロに規定する地域をいう。以下同じ。）、外国人住民となつた年月日（外国人住民が同表の上欄に掲げる者となつた年月日又は住民となつた年月日のうち、いずれか遅い年月日をいう。以下同じ。）及び同表の上欄に掲げる者の区分に応じそれぞれ同表の下欄に掲げる事項について記載をする。

中長期在留者（入管法	一　中長期在留者である旨

で　削除

第四章の三　外国人住民に関する特例

（外国人住民に係る住民票に通称が記載されている場合の読替え） 移動

第四十六条　法第三十条の四十五に規定する外国人住民（以下「外国人住民」という。）に係る住民票に通称が記載されている場合における第十一条の規定の適用については、同条第三項第二号中「次に掲げる氏名」とあるのは「次に掲げる氏名及び令第三十条の二十六第一項に規定する通称（以下この号において「通称」という。）」と、同号ロ及びト中「氏名」とあるのは「氏名及び通称」とする。

（在留カードに代わる書類等） 移動

第四十七条　法第三十条の四十五に規定する総務省令で定める場合は、出入国管理及び難民認定法及び日本国との平和条約に基づき日本の国籍を離脱した者等の出入国管理に関する特例法の一部を改正する等の法律（平成二十一年法律第七十九号。次項において「入管法等改正法」という。）附則第七条第一項に規定する法務大臣が中長期在留

第十九条の三に規定する中長期在留者をいう。以下この表において同じ。）	（略）
二　入管法第十九条の三に規定する在留カード（総務省令で定める場合にあつては、総務省令で定める書類）に記載されている在留資格、在留期間及び在留期間の満了の日並びに在留カードの番号	（略）

（外国人住民の通称の住民票への記載等）

第三十条の二十六　外国人住民は、住民票に通称（氏名以外の呼称であつて、国内における社会生活上通用していることその他の事由により居住関係の公証のために住民票に記載することが必要であると認められるものをいう。以下この条及び次条において同じ。）の記載を求めようとするときは、その者が記録されている住民基本台帳を備える市町村の市町村長（以下この条及び次条において「住所地市町村長」という。）に、通称として記載を求める呼

者（出入国管理及び難民認定法（昭和二十六年政令第三百十九号。以下この項において「入管法」という。）第十九条の三に規定する中長期在留者をいう。）に対し、出入国港において在留カード（入管法第十九条の三に規定する在留カードをいう。次項において同じ。）を交付することができない場合とする。

2　法第三十条の四十五に規定する総務省令で定める書類は、入管法等改正法附則第七条第一項の規定により、後日在留カードを交付する旨の記載がされた旅券とする。

（通称の記載及び削除に係る申出書の記載事項）

第四十五条　令第三十条の二十六第一項に規定する総務省令で定める事項は、氏名、住所並びに住民票コード又は出生の年月日及び男女の別並びに令第三十条の二十六第一項に規定する通称（以下「通称」という。）として記載を求める呼称が国内における社会生活上通用していることその他の居住関係の公証のために住民票に記載されることが必要であると認められる事由の説明とする。

称その他総務省令で定める事項を記載した申出書を提出するとともに、当該呼称が居住関係の公証のために住民票に記載されることが必要であることを証するに足りる資料を提示しなければならない。

2　住所地市町村長は、前項の規定による申出書の提出があつた場合において、同項に規定する当該呼称を住民票に記載することが居住関係の公証のために必要であると認められるときは、これを当該外国人住民に係る住民票に通称として記載しなければならない。

3　市町村長は、次の各号に掲げる場合において、外国人住民に係る住民票の記載をするときは、当該各号に定める通称を当該外国人住民に係る住民票に記載しなければならない。

一　外国人住民が転出証明書を添えて転入届をした場合　転出証明書に記載された通称

二　外国人住民が最初の転入届又は最初の世帯員に関する転入届をした場合　法第二十四条の二第四項の規定により通知された通称

4　外国人住民は、当該外国人住民に係る住民票に当該外国人住民の通称が記載されている場合において、当該通称の削除を求めようとするときは、住所

2　令第三十条の二十六第四項に規定する総務省令で定める事項は、氏名、住所並びに住民票コード又は出生の年月日及び男女の別とする。

地市町村長に、その削除を求める旨その他総務省令で定める事項を記載した申出書を提出しなければならない。この場合において、住所地市町村長は、当該通称を削除しなければならない。

5　住所地市町村長は、外国人住民に係る住民票に当該外国人住民の通称が記載されている場合において、当該通称を住民票に記載しておくことが居住関係の公証のために必要であると認められなくなつたときは、当該通称を削除するとともに、その旨を当該削除に係る外国人住民に通知しなければならない。この場合において、通知を受けるべき外国人住民の住所及び居所が明らかでないときその他通知をすることが困難であると認めるときは、その通知に代えて、その旨を公示することができる。

6　法第二十七条第二項及び第三項の規定は、第一項及び第四項の申出について準用する。

7　外国人住民に係る住民票に通称が記載されている場合における法及びこの政令の規定の適用については、次の表の上欄に掲げる規定中同表の中欄に掲げる字句は、それぞれ同表の下欄に掲げる字句に読み替えるものとする。

（外国人住民の通称の記載及び削除に関する事項の住民票への記載等）

第三十条の二十七　住所地市町村長は、次の各号に掲げる場合には、当該各号に定める事項（以下この条において「通称の記載及び削除に関する事項」という。）を当該外国人住民に係る住民票に記載しなければならない。

一　外国人住民に係る住民票に通称を記載した場合（前条第三項の規定による場合を除く。）　当該通称を記載した市町村名（特別区にあつては、区名。次号において同じ。）及び年月日

二　外国人住民に係る住民票に記載されている通称を削除した場合　当該通称並びに当該通称を削除した市町村名及び年月日

2　市町村長は、次の各号に掲げる場合において、外国人住民に係る住民票の記載をするときは、当該各号に定める通称の記載及び削除に関する事項を当該外国人住民に係る住民票に記載しなければならない。

一　外国人住民が転出証明書を添えて転入届をした場合　転出証明書に記載された通称の記載及び削除に関する事項

二　外国人住民が最初の転入届又は最

（中長期在留者等が住所を定めた場合の転入届の特例）

第三十条の四十六　前条の表の上欄に掲げる者（出生による経過滞在者又は国籍喪失による経過滞在者を除く。以下この条及び次条において「中長期在留

初の世帯員に関する転入届をした場合　法第二十四条の二第四項の規定により通知された通称の記載及び削除に関する事項

3　外国人住民に係る住民票に通称の記載及び削除に関する事項が記載されている場合におけるこの政令の規定の適用については、第三十条の三十一の規定により読み替えて適用される第二十三条第二項中「国籍等並びに同条の表の下欄に掲げる事項」とあるのは「国籍等、同条の表の下欄に掲げる事項並びに通称の記載及び削除に関する事項（第三十条の二十七第一項に規定する通称の記載及び削除に関する事項をいう。第二十四条の三において同じ。）」と、第三十条の三十一の規定により読み替えて適用される第二十四条の三中「国籍等並びに同条の表の下欄に掲げる事項」とあるのは「国籍等、同条の表の下欄に掲げる事項並びに通称の記載及び削除に関する事項」とする。

（中長期在留者等が住所を定めた場合の転入届の特例）

第四十八条　法第三十条の四十六に規定する総務省令で定める場合は、次に掲げる場合とする。

一　法第三十条の四十六に規定する中

者等」という。）が国外から転入をした場合（これに準ずる場合として総務省令で定める場合を含む。）には、当該中長期在留者等は、第二十二条の規定にかかわらず、転入をした日から十四日以内に、同条第一項第一号、第二号及び第五号に掲げる事項、出生の年月日、男女の別、国籍等、外国人住民となつた年月日並びに同表の上欄に掲げる者の区分に応じそれぞれ同表の下欄に掲げる事項を市町村長に届け出なければならない。この場合において、当該中長期在留者等は、市町村長に対し、同表の上欄に掲げる者の区分に応じそれぞれ同表の下欄に規定する在留カード、特別永住者証明書又は仮滞在許可書（一時庇護許可者にあつては、入管法第十八条の二第三項に規定する一時庇護許可書）を提示しなければならない。

（住所を有する者が中長期在留者等となつた場合の届出）

第三十条の四十七　日本の国籍を有しない者（第三十条の四十五の表の上欄に掲げる者を除く。）で市町村の区域内に住所を有するものが中長期在留者等となつた場合には、当該中長期在留者等となつた者は、中長期在留者等とな

長期在留者等で、住民基本台帳に記録されていないものが新たに市町村の区域内に住所を定めた場合

二　日本の国籍を有しない者（法第三十条の四十五の表の上欄に掲げる者を除く。）で、住民基本台帳に記録されていないものが法第三十条の四十六に規定する中長期在留者等となった後に転入をした場合

つた日から十四日以内に、第二十二条第一項第一号、第二号及び第五号に掲げる事項、出生の年月日、男女の別、国籍等、外国人住民となつた年月日並びに同表の上欄に掲げる者の区分に応じそれぞれ同表の下欄に掲げる事項を市町村長に届け出なければならない。この場合においては、前条後段の規定を準用する。

（外国人住民の世帯主との続柄の変更の届出）

第三十条の四十八　第二十二条第一項、第二十三条、第二十五条及び前二条の場合を除くほか、世帯主でない外国人住民であつてその世帯主（外国人住民であるものに限る。）との続柄に変更があつたものは、その変更があつた日から十四日以内に、世帯主との続柄を証する文書を添えて、その氏名、世帯主との続柄及び変更があつた年月日を市町村長に届け出なければならない。ただし、政令で定める場合にあつては、この限りでない。

（外国人住民の世帯主との続柄を証する文書の提出）

第三十条の四十九　世帯主でない外国人住民であつてその世帯主が外国人住民

（外国人住民の世帯主との続柄の変更の届出を要しない場合）

第三十条の二十八　法第三十条の四十八ただし書に規定する政令で定める場合は、次に掲げる場合とする。

一　世帯主でない外国人住民とその世帯主（外国人住民であるものに限る。次号及び次条において同じ。）との親族関係に変更がない場合

二　世帯主でない外国人住民とその世帯主との親族関係の変更に係る戸籍に関する届書、申請書その他の書類が市町村長に受理されている場合

（外国人住民の世帯主との続柄を証する文書の提出を要しない場合）

第三十条の二十九　法第三十条の四十九ただし書に規定する政令で定める場合

（外国語で作成した文書への訳文の添付）

第四十九条　法第三十条の四十八又は第三十条の四十九に規定する世帯主との続柄を証する文書で外国語によって作成されたものについては、翻訳者を明らかにした訳文を添付しなければならない。

であるものは、第二十二条第一項、第二十三条、第二十五条、第三十条の四十六又は第三十条の四十七の規定による届出をするときは、世帯主との続柄を証する文書を添えて、これらの規定に規定する届出をしなければならない。ただし、政令で定める場合にあつては、この限りでない。

は、次に掲げる場合とする。

一　世帯主でない外国人住民とその世帯主との間に親族関係がない場合

二　世帯主でない外国人住民がその世帯主に関する転出届に併せて転出届をした場合において、当該世帯主でない外国人住民が当該世帯主に関する転入届に併せて転入届をするとき（当該世帯主が世帯主となる場合に限る。）。

三　世帯主でない外国人住民がその世帯主に関する転居届に併せて転居届をする場合（当該世帯主が世帯主となる場合に限る。）

四　前三号に掲げる場合のほか、世帯主でない外国人住民がその世帯に属する他の外国人住民に関する転入届又は転居届に併せて転入届又は転居届をする場合（当該他の外国人住民が世帯主となる場合に限る。）その他総務省令で定める場合において、世帯主でない外国人住民とその世帯主との親族関係を確認することができると市町村長が認めるとき。

（外国人住民の世帯主との続柄を証する文書の提出を要しない場合）

第五十条　令第三十条の二十九第四号の総務省令で定める場合は、次に掲げる場合とする。

一　世帯主でない外国人住民が法第二十五条の規定による届出をする場合

二　令第八条、第八条の二、第十条又は第十二条第三項の規定により消除された住民票、戸籍に関する届書、申請書その他の書類又は法第九条第二項の規定による通知に係る書面その他の世帯主でない外国人住民とその世帯主との親族関係を明らかにすることができる書類を住所地市町村

（外国人住民に係る住民票の記載の修正等のための法務大臣からの通知）

第三十条の五十　法務大臣は、入管法及び入管特例法に定める事務を管理し、又は執行するに当たつて、外国人住民についての第七条第一号から第三号までに掲げる事項、国籍等又は第三十条の四十五の表の下欄に掲げる事項に変更があつたこと又は誤りがあることを知つたときは、遅滞なく、その旨を当該外国人住民が記録されている住民基本台帳を備える市町村の市町村長に通知しなければならない。

（外国人住民についての適用の特例）

第三十条の五十一　外国人住民に係る次の表の上欄に掲げる規定の適用については、これらの規定中同表の中欄に掲げる字句は、それぞれ同表の下欄に掲げる字句に読み替えるものとする。

（略）

第五章　雑則

（国又は都道府県の指導等）

第三十一条　国は都道府県及び市町村に対し、都道府県は市町村に対し、この

（外国人住民に係る住民票の記載の修正等のための法務大臣からの通知の方法）

第三十条の三十　法第三十条の五十の規定による通知は、法務大臣の使用に係る電子計算機から電気通信回線を通じて法務大臣が市町村長に使用させる電子計算機に送信する方法その他の**総務省令・法務省令で定める方法**により行うものとする。

（外国人住民についての適用の特例）

第三十条の三十一　外国人住民に係る次の表の上欄に掲げる規定の適用については、これらの規定中同表の中欄に掲げる字句は、それぞれ同表の下欄に掲げる字句に読み替えるものとする。

（略）

第五章　雑則

長が保存している場合

法律の目的を達成するため、この法律の規定により都道府県又は市町村が処理する事務について、必要な指導を行うものとする。

2　主務大臣は都道府県知事又は市町村長に対し、都道府県知事は市町村長に対し、前項の事務に関し必要があると認めるときは、報告を求め、又は助言若しくは勧告をすることができる。

3　主務大臣は、前項の規定による助言又は勧告をしようとするときは、国民健康保険の被保険者、後期高齢者医療の被保険者、介護保険の被保険者、国民年金の被保険者及び児童手当の支給を受けている者に関する事項については厚生労働大臣、米穀の配給を受ける者に関する事項については農林水産大臣に協議するものとする。

4　都道府県知事は主務大臣に対し、市町村長は主務大臣又は都道府県知事に対し、第二項の規定による助言又は勧告を求めることができる。

（行政手続法の適用除外）

第三十一条の二　この法律の規定により市町村長がする処分については、行政手続法（平成五年法律第八十八号）第二章及び第三章の規定は、適用しない。

（行政手続等における情報通信の技術の利用に関する法律の適用除外）

第三十二条　この法律の規定による住民票及び戸籍の附票の作成については、行政手続等における情報通信の技術の利用に関する法律（平成十四年法律第百五十一号）第六条の規定は、適用しない。

（関係市町村長の意見が異なる場合の措置）

第三十三条　市町村長は、住民の住所の認定について他の市町村長と意見を異にし、その協議がととのわないときは、都道府県知事（関係市町村が二以上の都道府県の区域内の市町村である場合には、主務大臣）に対し、その決定を求める旨を申し出なければならない。

2　主務大臣又は都道府県知事は、前項の申出を受けた場合には、その申出を受けた日から六十日以内に決定をしなければならない。

3　前項の決定は、文書をもつてし、その理由を附して関係市町村長に通知しなければならない。

4　関係市町村長は、第二項の決定に不服があるときは、前項の通知を受けた日から三十日以内に裁判所に出訴することができる。

（調査）

第三十四条　市町村長は、定期に、第七条及び第三十条の四十五の規定により記載をすべきものとされる事項について調査をするものとする。

2　市町村長は、前項に定める場合のほか、必要があると認めるときは、いつでも第七条及び第三十条の四十五の規定により記載をすべきものとされる事項について調査をすることができる。

3　市町村長は、前二項の調査に当たり、必要があると認めるときは、当該職員をして、関係人に対し、質問をさせ、又は文書の提示を求めさせることができる。

4　当該職員は、前項の規定により質問をし、又は文書の提示を求める場合には、その身分を示す証明書を携帯し、関係人の請求があつたときは、これを提示しなければならない。

（秘密を守る義務）

第三十五条　住民基本台帳に関する調査に関する事務に従事している者又は従事していた者は、その事務に関して知り得た秘密を漏らしてはならない。

（住民に関する記録の保護）

第三十六条　市町村長の委託（二以上の

段階にわたる委託を含む。）を受けて行う住民基本台帳又は戸籍の附票に関する事務の処理に従事している者又は従事していた者は、その事務に関して知り得た事項をみだりに他人に知らせ、又は不当な目的に使用してはならない。

（住民票に記載されている事項の安全確保等）

第三十六条の二　市町村長は、住民基本台帳又は戸籍の附票に関する事務の処理に当たつては、住民票又は戸籍の附票に記載されている事項の漏えい、滅失及び毀損の防止その他の住民票又は戸籍の附票に記載されている事項の適切な管理のために必要な措置を講じなければならない。

2　前項の規定は、市町村長から住民基本台帳又は戸籍の附票に関する事務の処理の委託（二以上の段階にわたる委託を含む。）を受けた者が受託した業務を行う場合について準用する。

（苦情処理）

第三十六条の三　市町村長は、この法律の規定により市町村が処理する事務の実施に関する苦情の適切かつ迅速な処理に努めなければならない。

（資料の提供）

第三十七条　国の行政機関又は都道府県知事は、それぞれの所掌事務について必要があるときは、市町村長に対し、住民基本台帳に記録されている事項に関して資料の提供を求めることができる。

2　国の行政機関は、その所掌事務について必要があるときは、都道府県知事又は機構に対し、それぞれ都道府県知事保存本人確認情報又は機構保存本人確認情報に関して資料の提供を求めることができる。

（指定都市の特例）

第三十八条　地方自治法第二百五十二条の十九第一項の指定都市（以下「指定都市」という。）に対するこの法律の規定で政令で定めるものの適用については、区及び総合区を市と、区及び総合区の区域を市の区域と、区長及び総合区長を市長とみなす。

（指定都市の区及び総合区に対する法の適用）

第三十一条　法第三十八条第一項に規定する政令で定める法の規定は、法第六条第一項、法第七条第八号、法第九条第一項、法第十条、法第十一条第三項、法第十一条の二第三項、第四項及び第八項から第十二項まで、法第十二条第三項から第六項まで、法第十二条の二第三項及び第四項、法第十二条の三第五項から第八項まで、法第十五条第二項及び第三項、法第十六条第一項、法第十七条の二第一項、法第十九条第一項から第三項まで、法第二十二条から第二十四条まで、法第二十五条、法第

2　前項に定めるもののほか、指定都市に対するこの法律の規定の適用については、政令で特別の定めをすることができる。

二十七条第二項及び第三項、法第三十条の三、法第三十条の四第三項及び第四項、法第三十条の四十五から第三十条の四十八まで並びに法第三十四条並びに法附則第四条第一項とする。

2　地方自治法（昭和二十二年法律第六十七号）第二百五十二条の十九第一項の指定都市（以下この項及び次条において「指定都市」という。）について法の規定を適用する場合には、次の表の上欄に掲げる法の規定中同表の中欄に掲げる字句は、それぞれ同表の下欄に掲げる字句に読み替えるものとする。

（略）

（指定都市の区及び総合区に対するこの政令の適用）

第三十二条　指定都市においては、第六条の二から第十二条まで、第十三条第一項及び第二項、第十四条、第十五条、第十六条から第二十条まで、第二十三条第一項、第二十四条第一項、第三十条の二、第三十条の四、第三十条の二十六第三項、第三十条の二十七第二項、第三十条の二十八、第三十条の二十九並びに第三十四条第一項及び第二項並びに附則第三条、第五条及び第六条の規定中市又は市長に関する規定は、それぞれその市の区及び総合区又は区長

（適用除外）
第三十九条　この法律は、日本の国籍を有しない者のうち第三十条の四十五の表の上欄に掲げる者以外のものその他政令で定める者については、適用しない。

及び総合区長に適用する。
2　指定都市についてこの政令の規定を適用する場合には、次の表の上欄に掲げる規定中同表の中欄に掲げる字句は、それぞれ同表の下欄に掲げる字句に読み替えるものとする。
（略）

（法を適用しない者）
第三十三条　法第三十九条に規定する政令で定める者は、戸籍法（昭和二十二年法律第二百二十四号）の適用を受けない者とする。

（保存）
第三十四条　市町村長は、第八条、第八条の二、第十条若しくは第十二条第三項の規定により消除した住民票（世帯を単位とする住民票にあつては、全部を消除したものに限る。）又は第十九条の規定により全部を消除した戸籍の附票を、これらを消除した日から五年間保存するものとする。第十六条（第二十一条第二項において準用する場合を含む。）の規定に基づき住民票又は戸籍の附票を改製した場合における改製前の住民票又は戸籍の附票についても、同様とする。
2　市町村長は、前項の規定にかかわら

ず、戸籍の附票に住所の記載の修正によつて国内における住所の記載をしていない者（以下この項において「在外者等」という。）に関する記載（記載の消除を含む。以下この項において同じ。）をした戸籍の附票の全部を第十九条の規定により消除した場合における当該消除した戸籍の附票を、当該戸籍の附票を消除した日から百五十年間保存するものとする。第二十一条第二項において準用する第十六条の規定に基づき在外者等に関する記載をした戸籍の附票を改製した場合における改製前の戸籍の附票についても、同様とする。ただし、死亡したことにより戸籍から除かれた在外者等（以下「死亡在外者等」という。）に関する記載をした戸籍の附票であつて死亡在外者等以外の在外者等に関する記載をした戸籍の附票でないものの全部を消除した場合又は死亡在外者等に関する記載をした戸籍の附票であつて死亡在外者等以外の在外者等に関する記載をした戸籍の附票でないものを改製した場合には、この限りでない。

3　市町村長は、法第三十条の六第一項の規定により通知した本人確認情報を、**総務省令で定めるところにより**磁気ディスクに記録し、これを次の各号に

（市町村における本人確認情報の記録及び保存の方法）

第五十一条　令第三十四条第三項の規定による本人確認情報の記録及び保存は、

（主務大臣）

第四十条　この法律において、主務大臣は、総務大臣とする。ただし、第九条第二項の規定による通知に関する事項及び第三章に規定する戸籍の附票に関する事項については、総務大臣及び法務大臣とする。

（政令への委任）

第四十一条　この法律の実施のための手続その他その施行に関し必要な事項は、

掲げる本人確認情報の区分に応じ、当該本人確認情報の通知の日から当該各号に定める日までの期間保存するものとする。

一　住民票の記載又は記載の修正を行つたことにより通知した本人確認情報　当該本人確認情報に係る者に係る新たな本人確認情報の通知をした日から起算して百五十年を経過する日

二　住民票の消除を行つたことにより通知した本人確認情報　当該本人確認情報の通知の日から起算して百五十年を経過する日

4　法及びこの政令に基づく届出書、通知書その他の書類は、その受理された日から一年間保存するものとする。

（総務省令への委任）

第三十五条　この政令に定めるもののほか、法及びこの政令の実施のため必要

電子計算機の操作によるものとし、磁気ディスクへの記録及びその保存の方法に関する技術的基準については、総務大臣が定める。

政令で定める。

第六章　罰則

第四十二条　第三十条の二十六又は第三十条の三十の規定に違反して秘密を漏らした者は、二年以下の懲役又は百万円以下の罰金に処する。

第四十三条　第三十条の三十八第五項の規定による命令に違反した者は、一年以下の懲役又は五十万円以下の罰金に処する。

第四十四条　第三十五条の規定に違反して秘密を漏らした者は、一年以下の懲役又は三十万円以下の罰金に処する。

第四十五条　第十一条の二第九項又は第十項の規定による命令に違反した者は、六月以下の懲役又は三十万円以下の罰金に処する。

第四十六条　次の各号のいずれかに該当する者は、三十万円以下の罰金に処する。

一　第十一条の二第十一項若しくは第三十条の三十九第一項の規定による

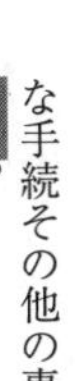

な手続その他の事項は、総務省令で定める。

報告をせず、若しくは虚偽の報告をし、又は同項の規定による検査を拒み、妨げ、若しくは忌避した者

二　偽りその他不正の手段により、第十二条から第十二条の三まで（これらの規定を第三十条の五十一の規定により読み替えて適用する場合を含む。）に規定する住民票の写し若しくは住民票記載事項証明書の交付を受け、第十二条の四（第三十条の五十一の規定により読み替えて適用する場合を含む。）に規定する住民票の写しの交付を受け、又は第二十条に規定する戸籍の附票の写しの交付を受けた者

第四十七条　次の各号のいずれかに該当するときは、その違反行為をした機構の役員又は職員は、三十万円以下の罰金に処する。

一　第三十条の十八の規定に違反して帳簿を備えず、帳簿に記載せず、若しくは帳簿に虚偽の記載をし、又は帳簿を保存しなかつたとき。

二　第三十条の二十第一項の規定による報告をせず、若しくは虚偽の報告をし、又は同項の規定による検査を拒み、妨げ、若しくは忌避したとき。

第四十八条　法人（法人でない団体で代表者又は管理人の定めのあるものを含む。以下この項において同じ。）の代表者若しくは管理人又は法人若しくは人の代理人、使用人その他の従事者が、その法人又は人の業務に関して第四十三条、第四十五条又は第四十六条第一号の違反行為をしたときは、その行為者を罰するほか、その法人又は人に対し各本条の罰金刑を科する。

2　法人でない団体について前項の規定の適用がある場合には、その代表者又は管理人が、その訴訟行為につき法人でない団体を代表するほか、法人を被告人又は被疑者とする場合の刑事訴訟に関する法律の規定を準用する。

第四十九条　第三十四条第三項の規定による質問に対し、答弁をせず、若しくは虚偽の陳述をし、又は文書の提示を拒み、妨げ、忌避し、若しくは虚偽の文書を提示した者は、五万円以下の罰金に処する。

第五十条　偽りその他不正の手段により第十一条の二第一項の規定による住民基本台帳の一部の写しの閲覧をし、若しくはさせた者又は同条第七項の規定に違反して、当該閲覧事項を利用目的以外の目的のために利用し、若しくは当該閲覧事項に係る申出者、閲覧者、個人閲覧事項取扱者及び法人閲覧事項取扱者以外の者に提供した者は、三十万円以下の過料に処する。ただし、第四十五条の規定により刑を科すべきときは、この限りでない。

第五十一条　偽りその他不正の手段により第三十条の三十二第二項の規定による開示を受けた者は、十万円以下の過料に処する。

第五十二条　第二十二条から第二十四条まで、第二十五条又は第三十条の四十六から第三十条の四十八までの規定による届出に関し虚偽の届出（第二十八条から第三十条までの規定による付記を含む。）をした者は、他の法令の規定により刑を科すべき場合を除き、五万円以下の過料に処する。

2　正当な理由がなくて第二十二条から第二十四条まで、第二十五条又は第三十条の四十六から第三十条の四十八までの規定による届出をしない者は、五万円以下の過料に処する。

第五十三条　前三条の規定による過料についての裁判は、簡易裁判所がする。

行政手続における特定の個人を識別するための番号の利用等に関する法律関係法令三段表

行政手続における特定の個人を識別するための番号の利用等に関する法律関係法令三段表

※移動…法律・政令の根拠条文と省令の規定の順序がずれるもの。

番号利用法	番号利用法施行令	番号法施行規則・番号法総務省令
行政手続における特定の個人を識別するための番号の利用等に関する法律	行政手続における特定の個人を識別するための番号の利用等に関する法律施行令	行政手続における特定の個人を識別するための番号の利用等に関する法律施行規則 行政手続における特定の個人を識別するための番号の利用等に関する法律の規定による通知カード及び個人番号カード並びに情報提供ネットワークシステムによる特定個人情報の提供等に関する省令
目次 **第一章**　総則（第一条―第六条） **第二章**　個人番号（第七条―第十六条） **第三章**　個人番号カード（第十七条・第十八条） **第四章**　特定個人情報の提供 **第一節**　特定個人情報の提供の制限等（第十九条・第二十条） **第二節**　情報提供ネットワークシステムによる特定個人情報の提供（第二十一条―第二十五	**目次** **第一章**　総則（第一条） **第二章**　個人番号（第二条―第十二条） **第三章**　個人番号カード（第十三条―第十八条） **第四章**　特定個人情報の提供 **第一節**　特定個人情報の提供の制限等（第十八条の二―第二十六条） **第二節**　情報提供ネットワークシステムによる特定個人情報の提供（第二十七条―第二十九	**目次** **第一章**　総則（第一条） **第二章**　個人番号 **第一節**　個人番号とすべき番号の生成等（第二条―第六条） **第二節**　通知カード（第七条―第十六条） **第三章**　個人番号カード（第十七条―第三十九条） **第四章**　特定個人情報の提供 **第一節**　特定個人情報の提供の制限等（第四十条―第四十四条）

条）

第五章　特定個人情報の保護

第一節　特定個人情報保護評価等（第二十六条―第二十八条の四）

第二節　行政機関個人情報保護法等の特例等（第二十九条―第三十五条の二）

第六章　特定個人情報の取扱いに関する監督等（第三十六条―第四十一条等）

第七章　法人番号（第四十二条―第四十五条）

第八章　雑則（第四十六条―第五十条）

第九章　罰則（第五十一条―第六十条）

附則

第一章　総則

（目的）

第一条　この法律は、行政機関、地方公共団体その他の行政事務を処理する者が、個人番号及び法人番号の有する特定の個人及び法人その他の団体を識別する機能を活用し、並びに当該機能に

条）

第五章　特定個人情報の保護（第三十条―第三十三条）

第六章　特定個人情報の取扱いに関する監督等（第三十四条）

第七章　法人番号（第三十五条―第四十二条）

第八章　雑則（第四十三条―第四十五条）

附則

第一章　総則

第二節　情報提供ネットワークシステムによる特定個人情報の提供（第四十五条―第四十七条）

第五章　雑則（第四十八条）

附則

第一章　総則

第一条　この省令において使用する用語は、行政手続における特定の個人を識別するための番号の利用等に関する法律（以下「法」という。）及び行政手続における特定の個人を識別するための番号の利用等に関する法律施行令

よって異なる分野に属する情報を照合してこれらが同一の者に係るものであるかどうかを確認することができるものとして整備された情報システムを運用して、効率的な情報の管理及び利用並びに他の行政事務を処理する者との間における迅速な情報の授受を行うことができるようにするとともに、これにより、行政運営の効率化及び行政分野におけるより公正な給付と負担の確保を図り、かつ、これらの者に対し申請、届出その他の手続を行い、又はこれらの者から便益の提供を受ける国民が、手続の簡素化による負担の軽減、本人確認の簡易な手段その他の利便性の向上を得られるようにするために必要な事項を定めるほか、個人番号その他の特定個人情報の取扱いが安全かつ適正に行われるよう行政機関の保有する個人情報の保護に関する法律（平成十五年法律第五十八号）、独立行政法人等の保有する個人情報の保護に関する法律（平成十五年法律第五十九号）及び個人情報の保護に関する法律（平成十五年法律第五十七号）の特例を定めることを目的とする。

（定義）

（以下「令」という。）において使用する用語の例による。

第二条　この法律において「行政機関」とは、行政機関の保有する個人情報の保護に関する法律（以下「行政機関個人情報保護法」という。）第二条第一項に規定する行政機関をいう。

2　この法律において「独立行政法人等」とは、独立行政法人等の保有する個人情報の保護に関する法律（以下「独立行政法人等個人情報保護法」という。）第二条第一項に規定する独立行政法人等をいう。

3　この法律において「個人情報」とは、行政機関個人情報保護法第二条第二項に規定する個人情報であって行政機関が保有するもの、独立行政法人等個人情報保護法第二条第二項に規定する個人情報であって独立行政法人等が保有するもの又は個人情報の保護に関する法律（以下「個人情報保護法」という。）第二条第一項に規定する個人情報であって行政機関及び独立行政法人等以外の者が保有するものをいう。

4　この法律において「個人情報ファイル」とは、行政機関個人情報保護法第二条第四項に規定する個人情報ファイルであって行政機関が保有するもの、独立行政法人等個人情報保護法第二条第四項に規定する個人情報ファイルであって独立行政法人等が保有するもの又は個人情報保護法第二条第二項に規定する個人情報データベース等であって行政機関及び独立行政法人等以外の者が保有するものをいう。

5　この法律において「個人番号」とは、第七条第一項又は第二項の規定により、住民票コード（住民基本台帳法（昭和四十二年法律第八十一号）第七条第十三号に規定する住民票コードをいう。以下同じ。）を変換して得られる番号であって、当該住民票コードが記載された住民票に係る者を識別するために指定されるものをいう。

6　この法律において「本人」とは、個人番号によって識別される特定の個人をいう。

7　この法律において「個人番号カード」とは、氏名、住所、生年月日、性別、個人番号その他政令で定める事項が記載され、本人の写真が表示され、かつ、これらの事項その他総務省令で定める事項（以下「カード記録事項」という。）が電磁的方法（電子的方法、磁気的方法その他の人の知覚によって認識することができない方法をいう。第十八条において同じ。）により記録されたカードであって、この法律又は

（個人番号カードの記載事項）

第一条　行政手続における特定の個人を識別するための番号の利用等に関する法律（以下「法」という。）第二条第七項の政令で定める事項は、個人番号カードの有効期間が満了する日及び本人に係る住民票に住民基本台帳法施行令（昭和四十二年政令第二百九十二号）第三十条の二十六第一項に規定する通称が記載されているときは当該通称とする。

（個人番号カードの記録事項） 移動

第十七条　法第二条第七項の総務省令で定める事項は、住民票コードとする。

（住民票に基づく個人番号カードの記載等） 移動

第十八条　第八条の規定は、住所地市町村長が個人番号カードに法第二条第七項の規定により記載されることとされている事項を記載し、又は同項に規定するカード記録事項を電磁的方法によ

この法律に基づく命令で定めるところによりカード記録事項を閲覧し、又は改変する権限を有する者以外の者による閲覧又は改変を防止するために必要なものとして総務省令で定める措置が講じられたものをいう。

8　この法律において「特定個人情報」とは、個人番号（個人番号に対応し、当該個人番号に代わって用いられる番号、記号その他の符号であって、住民票コード以外のものを含む。第七条第一項及び第二項、第八条並びに第五十一条並びに附則第三条第一項から第三項まで及び第五項を除き、以下同じ。）をその内容に含む個人情報をいう。

9　この法律において「特定個人情報ファイル」とは、個人番号をその内容に含む個人情報ファイルをいう。

10　この法律において「個人番号利用事

り記録する場合について準用する。

（個人番号カードの記録事項の閲覧又は改変を防止するための措置） 移動

第十九条　法第二条第七項の総務省令で定める措置は、個人番号カードに組み込まれた半導体集積回路（半導体集積回路の回路配置に関する法律（昭和六十年法律第四十三号）第二条第一項に規定する半導体集積回路をいう。）に物理的又は電気的な攻撃を加えて、カード記録事項を取得しようとする行為に対し、カード記録事項の読取り又は解析を防止する仕組みの保持その他の総務大臣が定める措置とする。

務」とは、行政機関、地方公共団体、独立行政法人等その他の行政事務を処理する者が第九条第一項又は第二項の規定によりその保有する特定個人情報ファイルにおいて個人情報を効率的に検索し、及び管理するために必要な限度で個人番号を利用して処理する事務をいう。

11　この法律において「個人番号関係事務」とは、第九条第三項の規定により個人番号利用事務に関して行われる他人の個人番号を必要な限度で利用して行う事務をいう。

12　この法律において「個人番号利用事務実施者」とは、個人番号利用事務を処理する者及び個人番号利用事務の全部又は一部の委託を受けた者をいう。

13　この法律において「個人番号関係事務実施者」とは、個人番号関係事務を処理する者及び個人番号関係事務の全部又は一部の委託を受けた者をいう。

14　この法律において「情報提供ネットワークシステム」とは、行政機関の長等（行政機関の長、地方公共団体の機関、独立行政法人等、地方独立行政法人（地方独立行政法人法（平成十五年法律第百十八号）第二条第一項に規定する地方独立行政法人をいう。以下同じ。）及び地方公共団体情報システム機構（以下「機構」という。）並びに第十九条第七号に規定する情報照会者及び情報提供者をいう。第七章を除き、以下同じ。）の使用に係る電子計算機を相互に電気通信回線で接続した電子情報処理組織であって、暗号その他その内容を容易に復元することができない通信の方法を用いて行われる第十九条第七号の規定による特定個人情報の提供を管理するために、第二十一条第一項の規定に基づき総務大臣が設置し、及び管理するものをいう。

15　この法律において「法人番号」とは、第四十二条第一項又は第二項の規定により、特定の法人その他の団体を識別するための番号として指定されるものをいう。

（基本理念）

第三条　個人番号及び法人番号の利用は、この法律の定めるところにより、次に掲げる事項を旨として、行われなければならない。

一　行政事務の処理において、個人又は法人その他の団体に関する情報の管理を一層効率化するとともに、当該事務の対象となる者を特定する簡易な手続を設けることによって、国民の利便性の向上及び行政運営の効率化に資すること。

二　情報提供ネットワークシステムその他これに準ずる情報システムを利用して迅速かつ安全に情報の授受を行い、情報を共有することによって、社会保障制度、税制その他の行政分野における給付と負担の適切な関係の維持に資すること。

三　個人又は法人その他の団体から提出された情報については、これと同一の内容の情報の提出を求めることを避け、国民の負担の軽減を図ること。

四　個人番号を用いて収集され、又は整理された個人情報が法令に定められた範囲を超えて利用され、又は漏えいすることがないよう、その管理の適正を確保すること。

2　個人番号及び法人番号の利用に関する施策の推進は、個人情報の保護に十分配慮しつつ、行政運営の効率化を通じた国民の利便性の向上に資することを旨として、社会保障制度、税制及び災害対策に関する分野における利用の促進を図るとともに、他の行政分野及び行政分野以外の国民の利便性の向上に資する分野における利用の可能性を考慮して行われなければならない。

3　個人番号の利用に関する施策の推進は、個人番号カードが第一項第一号に掲げる事項を実現するために必要であることに鑑み、行政事務の処理における本人確認の簡易な手段としての個人番号カードの利用の促進を図るとともに、カード記録事項が不正な手段により収集されることがないよう配慮しつつ、行政事務以外の事務の処理において個人番号カードの活用が図られるように行われなければならない。

4　個人番号の利用に関する施策の推進は、情報提供ネットワークシステムが第一項第二号及び第三号に掲げる事項を実現するために必要であることに鑑み、個人情報の保護に十分配慮しつつ、社会保障制度、税制、災害対策その他の行政分野において、行政機関、地方公共団体その他の行政事務を処理する者が迅速に特定個人情報の授受を行うための手段としての情報提供ネットワークシステムの利用の促進を図るとともに、これらの者が行う特定個人情報以外の情報の授受に情報提供ネットワークシステムの用途を拡大する可能性を考慮して行われなければならない。

（国の責務）

第四条　国は、前条に定める基本理念（以下「基本理念」という。）にのっとり、個人番号その他の特定個人情報の取扱いの適正を確保するために必要な措置を講ずるとともに、個人番号及び法人番号の利用を促進するための施策を実施するものとする。

2　国は、教育活動、広報活動その他の活動を通じて、個人番号及び法人番号の利用に関する国民の理解を深めるよう努めるものとする。

（地方公共団体の責務）

第五条　地方公共団体は、基本理念にのっとり、個人番号その他の特定個人情報の取扱いの適正を確保するために必要な措置を講ずるとともに、個人番号及び法人番号の利用に関し、国との連携を図りながら、自主的かつ主体的に、その地域の特性に応じた施策を実施するものとする。

（事業者の努力）

第六条　個人番号及び法人番号を利用する事業者は、基本理念にのっとり、国及び地方公共団体が個人番号及び法人番号の利用に関し実施する施策に協力するよう努めるものとする。

第二章　個人番号

（指定及び通知）
第七条　市町村長（特別区の区長を含む。以下同じ。）は、住民基本台帳法第三十条の三第二項の規定により住民票に住民票コードを記載したときは、政令で定めるところにより、速やかに、次条第二項の規定により機構から通知された個人番号とすべき番号をその者の個人番号として指定し、その者に対し、当該個人番号を通知カード（氏名、住所、生年月日、性別、個人番号その他総務省令で定める事項が記載されたカードをいう。以下同じ。）により通知しなければならない。

2　市町村長は、当該市町村（特別区を含む。以下同じ。）が備える住民基本台帳に記録されている者の個人番号が漏えいして不正に用いられるおそれがあると認められるときは、政令で定めるところにより、その者の請求又は職権により、その者の従前の個人番号に代えて、次条第二項の規定により機構

第二章　個人番号

（指定及び通知）
第二条　法第七条第一項又は第二項の規定による個人番号の指定は、法第八条第二項の規定により、市町村長（特別区の区長を含む。以下同じ。）が、地方公共団体情報システム機構（以下「機構」という。）から個人番号とすべき番号の通知を受けた時に行われたものとする。

2　法第七条第一項又は第二項の規定による個人番号の通知は、郵便又は民間事業者による信書の送達に関する法律（平成十四年法律第九十九号）第二条第六項に規定する一般信書便事業者若しくは同条第九項に規定する特定信書便事業者による同条第二項に規定する信書便により、当該個人番号が記載された通知カードを送付する方法により行うものとする。

（請求による従前の個人番号に代わる個人番号の指定）

第二章　個人番号
第一節　個人番号とすべき番号の生成等

（通知カードの記載事項）移動
第七条　法第七条第一項の総務省令で定める事項は、通知カードの発行の日及び本人に係る住民票に住民基本台帳法施行令（昭和四十二年政令第二百九十二号）第三十条の二十六第一項に規定する通称が記載されているときは当該通称とする。

（住民票に基づく通知カードの記載）
移動
第八条　市町村長（特別区の区長を含む。以下同じ。）は、通知カードに、法第七条第一項の規定により通知カードに記載されることとされている事項を記載する場合には、本人に係る住民票に記載されている事項を記載するものとする。

（個人番号指定請求書の記載事項）

から通知された個人番号とすべき番号をその者の個人番号として指定し、速やかに、その者に対し、当該個人番号を通知カードにより通知しなければならない。

第三条　法第七条第二項の規定による個人番号の指定の請求をしようとする者は、その者の個人番号及び当該個人番号が漏えいして不正に用いられるおそれがあると認められる理由その他総務省令で定める事項を記載した請求書（以下この条において「個人番号指定請求書」という。）を、その者が記録されている住民基本台帳を備える市町村（特別区を含む。以下同じ。）の長（以下「住所地市町村長」という。）に提出しなければならない。

2　法第十六条の規定は、住所地市町村長が前項の規定による個人番号指定請求書の提出を受ける場合について準用する。

3　住所地市町村長は、第一項の規定による個人番号指定請求書の提出を受けたときは、同項の理由を疎明するに足りる資料の提出を求めることができる。

4　住所地市町村長は、第一項の規定による個人番号指定請求書の提出を受けた場合において、同項の理由があると認めるときは、法第八条第一項の規定により、機構に対し、当該請求に係る従前の個人番号に代えて当該提出をした者の個人番号とすべき番号の生成を求めるものとする。

第二条　令第三条第一項の総務省令で定める事項は、個人番号（法第二条第五項に規定する個人番号をいう。第四十七条第二項を除き、以下同じ。）の指定の請求をしようとする者の氏名及び住所とする。

5　前項の場合において、住所地市町村長は、従前の個人番号に代えて個人番号を指定しようとする者が通知カード又は個人番号カードの交付を受けている者であるときは、その者に対し、当該通知カード又は当該個人番号カードの返納を求めるものとする。

6　第一項の規定による個人番号指定請求書の提出は、総務省令で定めるところにより、代理人を通じてすることができる。

7　第十二条第二項の規定は、住所地市町村長が前項の規定による代理人を通じた個人番号指定請求書の提出を受ける場合について準用する。

（職権による従前の個人番号に代わる個人番号の指定）

第四条　住所地市町村長は、前条第四項の規定による場合のほか、当該市町村が備える住民基本台帳に記録されている者の個人番号が漏えいして不正に用いられるおそれがあると認められるときは、法第八条第一項の規定により、機構に対し、当該個人番号に代えてその者の個人番号とすべき番号の生成を求めるものとする。

2　前項の場合においては、住所地市町

（代理人を通じた個人番号指定請求書の提出等）

第三条　住所地市町村長は、令第三条第六項の規定により個人番号の指定の請求をしようとする者の代理人を通じて個人番号指定請求書の提出を受けたときは、当該代理人に対し、同条第一項の理由を疎明するに足りる資料の提出を求めることができる。

2　前項の規定による個人番号指定請求書の提出を受けた住所地市町村長は、令第三条第一項の理由があると認める場合であって、従前の個人番号に代えて個人番号を指定しようとする者が通知カード又は個人番号カードの交付を受けている者であるときは、その者の代理人に対し、当該通知カード又は当該個人番号カードの返納を求めるものとする。

3　令第五条第二項の規定は通知カードの交付を受けている者が前項の規定に

3　市町村長は、前二項の規定による通知をするときは、当該通知を受ける者が個人番号カードの交付を円滑に受けることができるよう、当該交付の手続に関する情報の提供その他の必要な措置を講ずるものとする。

4　通知カードの交付を受けている者は、住民基本台帳法第二十二条第一項の規定による届出をする場合には、当該届出と同時に、当該通知カードを市町村長に提出しなければならない。この場

村長は、従前の個人番号に代えて個人番号を指定しようとする者に対し、当該指定をしようとする理由及びその者が通知カード又は個人番号カードの交付を受けている者であるときは、当該通知カード又は当該個人番号カードの返納を求める旨を通知するものとする。この場合において、通知を受けるべき者の住所及び居所が明らかでないときその他通知をすることが困難であると認めるときは、その通知に代えて、その旨を公示することができる。

より通知カードの返納を求められたときについて、令第十五条第二項の規定は個人番号カードの交付を受けている者が前項の規定により個人番号カードの返納を求められたときについて、それぞれ準用する。

4　前項の規定により準用する令第五条第二項の規定による通知カードの返納及び前項の規定により準用する令第十五条第二項の規定による個人番号カードの返納は、代理人を通じてすることができる。

（通知カードの様式） **移動**

第九条　通知カードの様式は、別記様式第一のとおりとする。

（通知カードに係る記載事項の変更等） **移動**

第十条　法第七条第四項後段（同条第五項後段により準用する場合を含む。）の総務省令で定める措置は、次に掲げ

合において、市町村長は、総務省令で定めるところにより、当該通知カードに係る記載事項の変更その他の総務省令で定める措置を講じなければならない。

5　前項の場合を除くほか、通知カードの交付を受けている者は、当該通知カードに係る記載事項に変更があったときは、その変更があった日から十四日以内に、その旨をその者が記録されている住民基本台帳を備える市町村の長（以下「住所地市町村長」という。）に届け出るとともに、当該通知カードを提出しなければならない。この場合においては、同項後段の規定を準用する。

る措置とする。

一　通知カードの追記欄等に変更に係る事項を記載し、これを返還すること。

二　個人番号カードの交付の手続に関する情報の提供を行うこと。

（通知カードの再交付の申請等） 移動

第十一条　通知カード又は個人番号カードの交付を受けている者は、次の各号のいずれかに該当する場合には、住所地市町村長に対し、通知カードの再交付を受けようとする旨及びその事由並びに当該通知カードの交付を受けている者の氏名、住所並びに個人番号又は生年月日及び性別を記載した再交付申請書を提出して、通知カードの再交付を求めることができる。

一　通知カードを紛失し、焼失し、又は著しく損傷したとき。

二　通知カードの追記欄の余白がなくなったとき。

三　令第五条第二項（第三条第三項において準用する場合を含む。）の規定により通知カードを返納したとき（法第十七条第一項の規定による個人番号カードの交付に伴い又は令第五条第一項第一号に該当して通知カードを返納した場合を除く。）。

四　令第五条第三項の規定により通知カードを返納した後、いずれかの市町村（特別区を含む。以下同じ。）の備える住民基本台帳に記録されたとき。

五　令第十五条第二項（第三条第三項において準用する場合を含む。）及び令第十五条第四項の規定により個人番号カードを返納したとき（同条第一項第二号に該当して個人番号カードを返納した場合を除く。）。

六　令第十五条第三項の規定により個人番号カードを返納した後、いずれかの市町村の備える住民基本台帳に記録されたとき。

七　個人番号カードを紛失し、焼失し、若しくは著しく損傷したとき又は個人番号カードの機能が損なわれたとき（第二十八条第一項の規定により個人番号カードの再交付を求める場合を除く。）。

八　個人番号カードの追記欄の余白がなくなったとき（第二十九条第一項の規定により新たな個人番号カードの交付を求める場合を除く。）。

九　前各号に掲げる場合のほか、住所地市町村長が特に必要と認めるとき。

2　通知カードの再交付を受けようとする者は、前項第一号、第二号又は第七号から第九号までに該当して通知カードの再交付を受けようとするときは、現に交付を受けている通知カード又は個人番号カードを紛失し、又は焼失した場合を除き、当該通知カード又は当該個人番号カードを返納の上、再交付を求めなければならない。

3　住所地市町村長は、第一項の求めがあった場合には、通知カードの再交付を受けようとする者に対し、令第二条第二項に規定する方法により、その者に係る通知カードを再交付するものとする。この場合において、住所地市町村長は、通知カードの再交付を受けようとする者から次に掲げるいずれかの書類の提示を受けるものとする。

一　運転免許証、旅券その他官公署から発行され、又は発給された書類その他これに類する書類であって、個人識別事項が記載され、かつ、写真の表示その他の当該書類に施された措置によって、当該書類の提示を行う者が当該個人識別事項により識別される特定の個人と同一の者であることを確認することができるものとして住所地市町村長が適当と認める

もの

二　前号に掲げる書類を提示することが困難であると認められる場合には、官公署から発行され、又は発給された書類その他これに類する書類であって住所地市町村長が適当と認める二以上（当該書類の提示を行う者又はその者と同一の世帯に属する者に係る住民票の記載事項について申告を受けることその他の住所地市町村長が適当と認める措置をとることにより当該書類の提示を行う者が当該書類に記載された個人識別事項により識別される特定の個人と同一の者であることを確認することができる場合には、一以上）の書類（個人識別事項の記載があるものに限る。）

4　住所地市町村長は、第一項の求めがあった場合であって、通知カードの再交付を受けようとする者が通知カード又は個人番号カードを紛失し、焼失し、又は返納しているときには、当該市町村が備える住民基本台帳に記録されているその者の個人番号及び個人識別事項を確認するものとする。

5　通知カードの再交付を受けた者は、紛失した通知カード又は個人番号カー

6　通知カードの交付を受けている者は、当該通知カードを紛失したときは、直ちに、その旨を住所地市町村長に届け出なければならない。

7　通知カードの交付を受けている者は、第十七条第一項の規定による個人番号カードの交付を受けようとする場合その他政令で定める場合には、政令で定めるところにより、当該通知カードを住所地市町村長に返納しなければならない。

（通知カードの返納）

第五条　法第七条第七項の政令で定める場合は、次に掲げる場合とする。

一　第三条第五項又は前条第二項の規定により通知カードの返納を求められたとき。

二　次条第一項の規定により通知カードの返納を命ぜられたとき。

2　通知カードの交付を受けている者は、法第十七条第一項の規定による個人番号カードの交付を受けようとする場合又は前項各号のいずれかに該当する場

ドを発見した場合には、その旨並びにその者の氏名及び住所を記載した書面を添えて、発見した通知カード又は個人番号カードを、住所地市町村長に遅滞なく返納しなければならない。

（紛失した通知カードを発見した場合の届出）移動

第十二条　法第七条第六項の規定による届出をした者は、紛失した通知カードを発見したとき（前条第五項に規定する場合に該当して発見した通知カードを返納したときを除く。）は、遅滞なく、その旨を住所地市町村長に届け出なければならない。

（通知カードの返納届の記載事項）移動

第十三条　令第五条第二項及び第三項の総務省令で定める事項は、通知カード

合には、通知カードを返納する理由その他総務省令で定める事項を記載した書面を添えて、当該通知カードを住所地市町村長に遅滞なく返納しなければならない。

3　通知カードの交付を受けている者は、次の各号のいずれかに該当した場合には、通知カードを返納する理由その他総務省令で定める事項を記載した書面を添えて、当該通知カードを、その者につき直近に住民票の記載をした市町村長に遅滞なく返納しなければならない。

一　国外に転出をしたとき。

二　住民基本台帳法（昭和四十二年法律第八十一号）の適用を受けない者となったとき。

三　住民票が消除されたとき（住民基本台帳法第二十四条の規定による届出（第十四条第二号、第三号及び第六号並びに附則第三条第一項において「転出届」という。）のうち国外への転出に係るもの以外のものに基づき当該住民票が消除されたとき、その者が死亡したことにより当該住民票が消除されたとき、住民基本台帳法施行令第八条の二の規定により当該住民票が消除されたとき及び前

の交付を受けている者の氏名及び住所とする。

二号に掲げる場合に該当したことにより当該住民票が消除されたときを除く。)。

4　第三条第六項の規定は、前二項の規定による通知カードの返納について準用する。

(通知カードの返納命令)

第六条　住所地市町村長は、法第七条第一項又は第二項の規定による通知カードの交付その他通知カードに関して講じられる**総務省令で定める措置**が錯誤に基づき、又は過失によってされた場合において、当該通知カードを返納させる必要があると認めるときは、当該通知カードの交付を受けている者に対し、当該通知カードの返納を命ずることができる。

2　住所地市町村長は、前項の規定により通知カードの返納を命ずることを決定したときは、当該通知カードの交付を受けている者に対し、書面によりその旨を通知するものとする。この場合において、通知を受けるべき者の住所及び居所が明らかでないときその他通知をすることが困難であると認めるときは、その通知に代えて、その旨を公示することができる。

(通知カードに関して講じられた措置)

移動

第十四条　令第六条第一項の総務省令で定める措置は、第十条第一号に掲げる措置とする。

8　前各項に定めるもののほか、通知カードの様式その他通知カードに関し必要な事項は、総務省令で定める。

（個人番号とすべき番号の生成）

第八条　市町村長は、前条第一項又は第二項の規定により個人番号を指定するときは、あらかじめ機構に対し、当該指定しようとする者に係る住民票に記載された住民票コードを通知するとともに、個人番号とすべき番号の生成を求めるものとする。

2　機構は、前項の規定により市町村長から個人番号とすべき番号の生成を求

（個人番号とすべき番号の生成の求め）

第七条　法第八条第一項の規定による市町村長からの住民票コードの通知及び個人番号とすべき番号の生成の求めは、総務省令で定めるところにより、当該市町村長の使用に係る電子計算機から電気通信回線を通じて機構の使用に係る電子計算機に当該住民票コード及び当該生成を求める旨の情報を送信する方法により行うものとする。

（個人番号とすべき番号の構成）

第八条　法第八条第二項の規定により生

（国外転出者に対する通知カードの還付） 移動

第十五条　市町村長は、令第五条第三項の規定により通知カードの返納を受けた場合（同項第一号に該当して通知カードの返納を受けた場合に限る。）においては、これに国外への転出により返納を受けた旨を表示し、当該通知カードを返納した者に還付するものとする。

（通知カードの技術的基準） 移動

第十六条　通知カードに関する技術的基準については、総務大臣が定める。

（機構への個人番号とすべき番号の生成の求めの方法）

第四条　令第七条の規定による住民票コードの通知及び個人番号とすべき番号の生成の求めは、電子計算機の操作によるものとし、電気通信回線を通じた送信の方法に関する技術的基準については、総務大臣が定める。

（検査用数字を算出する算式）

第五条　令第八条の総務省令で定める算

められたときは、政令で定めるところにより、次項の規定により設置される電子情報処理組織を使用して、次に掲げる要件に該当する番号を生成し、速やかに、当該市町村長に対し、通知するものとする。

一　他のいずれの個人番号（前条第二項の従前の個人番号を含む。）とも異なること。

二　前項の住民票コードを変換して得られるものであること。

三　前号の住民票コードを復元することのできる規則性を備えるものでないこと。

3　機構は、前項の規定により個人番号とすべき番号を生成し、並びに当該番号の生成及び市町村長に対する通知について管理するための電子情報処理組織を設置するものとする。

成される個人番号とすべき番号は、機構が同条第三項の規定により設置される電子情報処理組織を使用して、作為が加わらない方法により生成する次に掲げる要件に該当する十一桁の番号及びその後に付された一桁の検査用数字（個人番号を電子計算機に入力するときに誤りのないことを確認することを目的として、当該十一桁の番号を基礎として総務省令で定める算式により算出される零から九までの整数をいう。第三号において同じ。）により構成されるものとする。

一　住民票コードを変換して得られるものであること。

二　前号の住民票コードを復元することのできる規則性を備えるものでないこと。

三　他のいずれの個人番号（法第七条第二項の従前の個人番号及び個人番号とすべき番号を含む。）を構成する検査用数字以外の十一桁の番号とも異なること。

（個人番号とすべき番号の通知）

第九条　法第八条第二項の規定による個人番号とすべき番号の市町村長に対する通知は、総務省令で定めるところに

式は、次に掲げる算式とする。

算式

$11-(\sum_{n=1}^{11} Pn \times Qn$ を11で除した余り$)$

ただし、$\sum_{n=1}^{11} Pn \times Qn$ を11で除した余り$\leqq 1$の場合は、0とする。

算式の符号

Pn　個人番号を構成する検査用数字以外の十一桁の番号の最下位の桁を1桁目としたときのn桁目の数字

Qn　$1 \leqq n \leqq 6$のとき　$n+1$
　　$7 \leqq n \leqq 11$のとき　$n-5$

（市町村長への個人番号とすべき番号の通知の方法）

第六条　令第九条の規定による個人番号とすべき番号の通知は、電子計算機の

（利用範囲）

第九条　別表第一の上欄に掲げる行政機関、地方公共団体、独立行政法人等その他の行政事務を処理する者（法令の規定により同表の下欄に掲げる事務の全部又は一部を行うこととされている者がある場合にあっては、その者を含む。第三項において同じ。）は、同表の下欄に掲げる事務の処理に関して保有する特定個人情報ファイルにおいて個人情報を効率的に検索し、及び管理するために必要な限度で個人番号を利用することができる。当該事務の全部又は一部の委託を受けた者も、同様とする。

2　地方公共団体の長その他の執行機関は、福祉、保健若しくは医療その他の社会保障、地方税（地方税法（昭和二十五年法律第二百二十六号）第一条第一項第四号に規定する地方税をいう。以下同じ。）又は防災に関する事務そ

より、機構の使用に係る電子計算機から電気通信回線を通じて当該市町村長の使用に係る電子計算機に当該個人番号とすべき番号及び第七条の規定により送信された住民票コードを送信する方法により行うものとする。

操作によるものとし、電気通信回線を通じた送信の方法に関する技術的基準については、総務大臣が定める。

第二節　通知カード

※第七条から第十六条までを移動

の他これらに類する事務であって条例で定めるものの処理に関して保有する特定個人情報ファイルにおいて個人情報を効率的に検索し、及び管理するために必要な限度で個人番号を利用することができる。当該事務の全部又は一部の委託を受けた者も、同様とする。

3　健康保険法（大正十一年法律第七十号）第四十八条若しくは第百九十七条第一項、相続税法（昭和二十五年法律第七十三号）第五十九条第一項から第三項まで、厚生年金保険法（昭和二十九年法律第百十五号）第二十七条、第二十九条第三項若しくは第九十八条第一項、租税特別措置法（昭和三十二年法律第二十六号）第九条の四の二第二項、第二十九条の二第五項若しくは第六項、第二十九条の三第四項若しくは第五項、第三十七条の十一の三第七項、第三十七条の十四第九項、第十三項若しくは第二十六項、第七十条の二の二第十三項若しくは第七十条の二の三第十四項、所得税法（昭和四十年法律第三十三号）第五十七条第二項若しくは第二百二十五条から第二百二十八条の三の二まで、雇用保険法（昭和四十九年法律第百十六号）第七条又は内国税の適正な課税の確保を図るための国外送金等に係る調書の提出等に関する法律（平成九年法律第百十号）第四条第一項若しくは第四条の三第一項その他の法令又は条例の規定により、別表第一の上欄に掲げる行政機関、地方公共団体、独立行政法人等その他の行政事務を処理する者又は地方公共団体の長その他の執行機関による第一項又は前項に規定する事務の処理に関して必要とされる他人の個人番号を記載した書面の提出その他の他人の個人番号を利用した事務を行うものとされた者は、当該事務を行うために必要な限度で個人番号を利用することができる。当該事務の全部又は一部の委託を受けた者も、同様とする。

4　前項の規定により個人番号を利用することができることとされている者のうち所得税法第二百二十五条第一項第一号、第二号及び第四号から第六号までに掲げる者は、激甚災害に対処するための特別の財政援助等に関する法律（昭和三十七年法律第百五十号）第二条第一項に規定する激甚災害が発生したとき**その他これに準ずる場合として政令で定めるときは**、内閣府令で定めるところにより、あらかじめ締結した契約に基づく金銭の支払を行うために必要な限度で個人番号を利用することができる。

（激甚災害が発生したときに準ずる場合）

第十条　法第九条第四項の政令で定めるときは、災害対策基本法（昭和三十六年法律第二百二十三号）第六十三条第一項その他内閣府令で定める法令の規定により一定の区域への立入りを制限され、若しくは禁止され、又は当該区域からの退去を命ぜられた場合とする。

5　前各項に定めるもののほか、第十九条第十一号から第十四号までのいずれかに該当して特定個人情報の提供を受けた者は、その提供を受けた目的を達成するために必要な限度で個人番号を利用することができる。

（再委託）

第十条　個人番号利用事務又は個人番号関係事務（以下「個人番号利用事務等」という。）の全部又は一部の委託を受けた者は、当該個人番号利用事務等の委託をした者の許諾を得た場合に限り、その全部又は一部の再委託をすることができる。

2　前項の規定により個人番号利用事務等の全部又は一部の再委託を受けた者は、個人番号利用事務等の全部又は一部の委託を受けた者とみなして、第二条第十二項及び第十三項、前条第一項から第三項まで並びに前項の規定を適用する。

（委託先の監督）

第十一条　個人番号利用事務等の全部又は一部の委託をする者は、当該委託に係る個人番号利用事務等において取り扱う特定個人情報の安全管理が図られるよう、当該委託を受けた者に対する必要かつ適切な監督を行わなければならない。

（個人番号利用事務実施者等の責務）

第十二条　個人番号利用事務実施者及び個人番号関係事務実施者（以下「個人番号利用事務等実施者」という。）は、個人番号の漏えい、滅失又は毀損の防止その他の個人番号の適切な管理のために必要な措置を講じなければならない。

第十三条　個人番号利用事務実施者は、本人又はその代理人及び個人番号関係事務実施者の負担の軽減並びに行政運営の効率化を図るため、同一の内容の情報が記載された書面の提出を複数の個人番号関係事務において重ねて求めることのないよう、相互に連携して情報の共有及びその適切な活用を図るように努めなければならない。

（提供の要求）

第十四条　個人番号利用事務等実施者は、個人番号利用事務等を処理するために必要があるときは、本人又は他の個人番号利用事務等実施者に対し個人番号の提供を求めることができる。

2　個人番号利用事務実施者（**政令で定めるものに限る。**第十九条第四号において同じ。）は、個人番号利用事務を処理するために必要があるときは、住民基本台帳法第三十条の九から第三十条の十二までの規定により、機構に対し機構保存本人確認情報（同法第三十条の九に規定する機構保存本人確認情報をいう。第十九条第四号及び第五十一条において同じ。）の提供を求めることができる。

（提供の求めの制限）

第十五条　何人も、第十九条各号のいずれかに該当して特定個人情報の提供を受けることができる場合を除き、他人（自己と同一の世帯に属する者以外の者をいう。第二十条において同じ。）に対し、個人番号の提供を求めてはならない。

（本人確認の措置）

第十六条　個人番号利用事務等実施者は、第十四条第一項の規定により本人から個人番号の提供を受けるときは、当該提供をする者から個人番号カード若しくは通知カード及び当該通知カードに

（機構保存本人確認情報の提供を求めることができる個人番号利用事務実施者）

第十一条　法第十四条第二項の政令で定める個人番号利用事務実施者は、住民基本台帳法別表第一から別表第四までの上欄に掲げる者及び同法第三十条の十第一項第二号、第三十条の十一第一項第二号又は第三十条の十二第一項第二号に掲げる場合においてこれらの号に規定する求めをした者とする。

（本人確認の措置）

第十二条　法第十六条の政令で定める措置は、個人番号の提供を行う者から次に掲げる書類の提示を受けることその他これに準ずるものとして**主務省令で定める措置**とする。

（通知カード記載事項が個人番号提供者に係るものであることを証する書類等）

第一条　行政手続における特定の個人を識別するための番号の利用等に関する法律（以下「法」という。）第十六条

記載された事項がその者に係るものであることを証するものとして主務省令で定める書類の提示を受けること又はこれらに代わるべきその者が本人であることを確認するための措置として**政令で定める措置**をとらなければならない。

一　住民基本台帳法第十二条第一項に規定する住民票の写し又は住民票記載事項証明書であって、氏名、出生の年月日、男女の別、住所及び個人番号が記載されたもの

二　前号に掲げる書類に記載された氏名及び出生の年月日又は住所（以下この条及び次条第三項において「個人識別事項」という。）が記載された書類であって、写真の表示その他の当該書類に施された措置によって、当該書類の提示を行う者が当該個人識別事項により識別される特定の個人と同一の者であることを確認することができるものとして**主務省令で定めるもの**

2　個人番号利用事務等実施者は、本人の代理人から個人番号の提供を受けるときは、その者から次に掲げる書類の提示を受けることその他これに準ずるものとして**主務省令で定める措置**をとらなければならない。

一　個人識別事項が記載された書類であって、当該個人識別事項により識別される特定の個人が本人の依頼により又は法令の規定により本人の代理人として個人番号の提供をすることを証明するものとして**主務省令で**

の主務省令で定める書類は、次に掲げるいずれかの書類とする。

一　運転免許証、運転経歴証明書（交付年月日が平成二十四年四月一日以降のものに限る。）、旅券、身体障害者手帳、精神障害者保健福祉手帳、療育手帳、在留カード又は特別永住者証明書

二　前号に掲げるもののほか、官公署から発行され、又は発給された書類その他これに類する書類であって、通知カードに記載された氏名及び出生の年月日又は住所（以下「個人識別事項」という。）が記載され、かつ、写真の表示その他の当該書類に施された措置によって、当該書類の提示を行う者が当該個人識別事項により識別される特定の個人と同一の者であることを確認することができるものとして個人番号利用事務実施者が適当と認めるもの

三　前二号に掲げる書類の提示を受けることが困難であると認められる場合には、次に掲げる書類のうち二以上の書類

イ　国民健康保険、健康保険、船員保険、後期高齢者医療若しくは介護保険の被保険者証、健康保険日

定めるもの

二　前号に掲げる書類に記載された個人識別事項が記載された書類であって、写真の表示その他の当該書類に施された措置によって、当該書類の提示を行う者が当該個人識別事項により識別される特定の個人と同一の者であることを確認することができるものとして**主務省令で定めるもの**

三　本人に係る個人番号カード、通知カード又は前項第一号に掲げる書類その他の本人の個人番号及び個人識別事項が記載された書類であって**主務省令で定めるもの**

雇特例被保険者手帳、国家公務員共済組合若しくは地方公務員共済組合の組合員証、私立学校教職員共済制度の加入者証、国民年金手帳、児童扶養手当証書又は特別児童扶養手当証書

ロ　イに掲げるもののほか、官公署又は個人番号利用事務実施者若しくは個人番号関係事務実施者（以下「個人番号利用事務等実施者」という。）から発行され、又は発給された書類その他これに類する書類であって個人番号利用事務実施者が適当と認めるもの（通知カードに記載された個人識別事項の記載があるものに限る。）

2　法第十七条第一項の規定により個人番号カードを交付する市町村長（特別区の区長を含む。以下同じ。）が通知カードの返納とともに提示を受けるべき書類として提示を受ける場合における法第十六条の主務省令で定める書類は、前項の規定にかかわらず、次に掲げるいずれかの書類とする。

一　次に掲げるいずれかの措置その他当該市町村長が適当と認める措置をとる場合には、前項第一号に掲げるいずれかの書類又は出入国管理及び

難民認定法（昭和二十六年政令第三百十九号）第十八条の二第三項に規定する一時庇護許可書（以下「一時庇護許可書」という。）若しくは同法第六十一条の二の四第二項に規定する仮滞在許可書（以下「仮滞在許可書」という。）のうち当該市町村長が適当と認めるもの

イ　当該書類に係る暗証番号の入力を求めること。

ロ　当該書類に組み込まれた半導体集積回路（半導体集積回路の回路配置に関する法律（昭和六十年法律第四十三号）第二条第一項に規定する半導体集積回路をいう。）に記録された写真を確認すること。

ハ　個人番号カードの交付を受けようとする者（以下「交付申請者」という。）又は交付申請者と同一の世帯に属する者に係る住民票の記載事項その他の当該市町村長が適当と認める事項の申告を受けること。

二　前号の措置をとることが困難であると認められる場合には、前項第一号に掲げるいずれかの書類又は一時庇護許可書若しくは仮滞在許可書のうち当該市町村長が適当と認める二

以上の書類
三　前二号に掲げる書類の提示を受けることが困難であると認められる場合には、次に掲げる書類
イ　前項第一号に掲げるいずれかの書類又は一時庇護許可書若しくは仮滞在許可書のうち当該市町村長が適当と認めるもの
ロ　イに掲げるもののほか、官公署から発行され、又は発給された書類その他これに類する書類であって、当該市町村長が適当と認めるもの（通知カードに記載された個人識別事項の記載があるものに限る。）
四　前各号に掲げる書類の提示を受けることが困難であると認められる場合には、第十三条の回答書及び次に掲げるいずれかの書類
イ　前号イに掲げる書類
ロ　イに掲げる書類の提示を受けることが困難であると認められる場合には、官公署から発行され、又は発給された書類その他これに類する書類であって、当該市町村長が適当と認める二以上の書類（通知カードに記載された個人識別事項の記載があるものに限る。）

3　個人番号利用事務実施者である財務大臣、国税庁長官、都道府県知事又は市町村長（法令の規定により法別表第一の十六の項、十七の項、二十三の項、三十八の項又は八十九の項の下欄に掲げる事務（以下「租税に関する事務」という。）の全部又は一部を行うこととされている者がある場合にあっては、その者を含む。以下「財務大臣等」という。）は、租税に関する事務の処理に関して個人番号の提供を受ける場合であって、第一項第一号又は第二号に掲げる書類の提示を受けることが困難であると認められるときは、次に掲げるいずれかの措置をとることにより当該提供を行う者が通知カードに記載されている個人識別事項により識別される特定の個人と同一の者であることを確認することをもって、同項第三号に掲げる書類の提示を受けることに代えることができる。

一　第一項第三号イに掲げるいずれかの書類の提示を受けること。

二　当該提供に係る租税に関する法律の規定に基づき提出される書類（次号及び第五号において「申告書等」という。）に添付された書類であって、当該提供を行う者に対し一に限り発行され、若しくは発給されたものの又は官公署から発行され、若しくは発給されたものに記載されている当該提供を行う者の個人識別事項を確認すること。

三　当該提供に係る申告書等又は当該申告書等と同時に財務大臣等に提出される国税通則法（昭和三十七年法律第六十六号）第三十四条の二第一項の規定による口座振替納付の依頼に係る書面若しくは地方自治法施行令（昭和二十二年政令第十六号）第百五十五条の規定による口座振替納付の請求に係る書面に記載されている預金口座又は貯金口座に係る名義人の氏名並びに金融機関及びその店舗並びに預金又は貯金の種別及び口座番号を確認すること。

四　租税に関する法律の規定に基づく調査において確認した当該提供を行う者に係る事項その他の当該提供を行う者しか知り得ない事項を確認すること。

五　前各号に掲げる措置をとることが困難であると認められる場合であって、当該提供に係る申告書等に還付を受けるべき金額の記載がないときは、過去に法第十六条の規定により本人確認の措置を講じた上で受理している申告書等に記載されている純損失の金額、雑損失の金額その他当該提供を行う者が当該提供に係る申告書等を作成するに当たって必要となる事項又は考慮すべき事情（以下この号において「事項等」という。）であって財務大臣等が適当と認める事項等を確認すること。

（写真の表示等により個人番号提供者を確認できる書類）

第二条　行政手続における特定の個人を識別するための番号の利用等に関する法律施行令（以下「令」という。）第十二条第一項第二号の主務省令で定める書類は、次に掲げるいずれかの書類とする。

一　前条第一項第一号に掲げる書類

二　前号に掲げるもののほか、官公署から発行され、又は発給された書類その他これに類する書類であって、令第十二条第一項第一号に掲げる書類に記載された個人識別事項が記載され、かつ、写真の表示その他の当該書類に施された措置によって、当該書類の提示を行う者が当該個人識別事項により識別される特定の個人

と同一の者であることを確認することができるものとして個人番号利用事務実施者が適当と認めるもの

（住民票の写し等の提示を受けることが困難であると認められる場合等の本人確認の措置）

第三条 個人番号利用事務等実施者は、令第十二条第一項第一号に掲げる書類の提示を受けることが困難であると認められる場合には、これに代えて、次に掲げるいずれかの措置をとらなければならない。

一 法第十四条第二項の規定により地方公共団体情報システム機構（以下「機構」という。）から個人番号の提供を行う者に係る機構保存本人確認情報（同項に規定する機構保存本人確認情報をいう。第九条第五項第一号において同じ。）の提供を受けること（個人番号利用事務実施者が個人番号の提供を受ける場合に限る。）。

二 都道府県知事保存本人確認情報（住民基本台帳法（昭和四十二年法律第八十一号）第三十条の八に規定する都道府県知事保存本人確認情報をいう。以下同じ。）に記録されている個人番号の提供を行う者の個人番号及び個人識別事項を確認すること（当該都道府県知事保存本人確認情報を保存する都道府県知事が個人番号の提供を受ける場合に限る。）。

三　住民基本台帳法第三十条の十五第二項の規定により都道府県知事から個人番号の提供を行う者に係る都道府県知事保存本人確認情報の提供を受けること（当該都道府県知事以外の当該都道府県の執行機関が個人番号の提供を受ける場合に限る。）。

四　住民基本台帳に記録されている個人番号の提供を行う者の個人番号及び個人識別事項を確認すること（当該住民基本台帳を備える市町村（特別区を含む。以下同じ。）の長が個人番号の提供を受ける場合に限る。）。

五　提供を受ける個人番号及び当該個人番号に係る個人識別事項について、過去に本人若しくはその代理人若しくは法第十四条第二項の規定により機構からその提供を受け、又は都道府県知事保存本人確認情報若しくは住民基本台帳に記録されている当該個人番号及び個人識別事項を確認して特定個人情報ファイルを作成している場合（以下「本人確認の上特定個人情報ファイルを作成している場合」という。）には、当該特定個人情報ファイルに記録されている個人番号及び個人識別事項を確認すること。

六　官公署又は個人番号利用事務等実施者から発行され、又は発給された書類その他これに類する書類であって個人番号利用事務実施者が適当と認めるもの（個人番号の提供を行う者の個人番号及び個人識別事項の記載があるものに限る。）の提示を受けること。

2　個人番号利用事務等実施者は、令第十二条第一項第二号に掲げる書類の提示を受けることが困難であると認められる場合には、これに代えて、次に掲げる書類のうち二以上の書類（個人番号の提供を行う者の個人識別事項の記載があるものに限る。）の提示を受けなければならない。

一　第一条第一項第三号イに掲げる書類

二　前号に掲げるもののほか、官公署又は個人番号利用事務等実施者から発行され、又は発給された書類その他これに類する書類であって個人番号利用事務実施者が適当と認めるもの

3　財務大臣等は、租税に関する事務の処理に関して個人番号の提供を受ける場合には、第一条第三項各号に掲げるいずれかの措置をとることにより当該提供を行う者が令第十二条第一項第一号に掲げる書類に記載されている個人識別事項又は第一項各号に掲げる措置により確認される個人識別事項により識別される特定の個人と同一の者であることを確認することをもって、前項の規定による書類の提示を受けることに代えることができる。

4　個人番号利用事務等実施者は、本人確認の上特定個人情報ファイルを作成している場合であって、個人番号利用事務又は個人番号関係事務（第九条第三項において「個人番号利用事務等」という。）を処理するに当たって当該特定個人情報ファイルに記録されている個人番号その他の事項を確認するため電話により本人から個人番号の提供を受けるときは、令第十二条第一項第二号に掲げる書類の提示を受けることに代えて、本人しか知り得ない事項その他の個人番号利用事務実施者が適当と認める事項の申告を受けることにより、当該提供を行う者が当該特定個人情報ファイルに記録されている者と同一の者であることを確認しなければならない。

5　個人番号利用事務等実施者は、本人から個人番号の提供を受ける場合であって、その者と雇用関係にあることその他の事情を勘案し、その者が通知カード若しくは令第十二条第一項第一号に掲げる書類に記載されている個人識別事項又は第一項各号に掲げる措置により確認される個人識別事項により識別される特定の個人と同一の者であることが明らかであると個人番号利用事務実施者が認める場合には、法第十六条の主務省令で定める書類又は令第十二条第一項第二号に掲げる書類の提示を受けることを要しない。

（電子情報処理組織を使用して個人番号の提供を受ける場合の本人確認の措置）

第四条　個人番号利用事務等実施者は、その使用に係る電子計算機と個人番号の提供を行う者の使用に係る電子計算機とを電気通信回線で接続した電子情報処理組織を使用して本人から個人番号の提供を受ける場合には、次に掲げるいずれかの措置をとらなければならない。

一　機構により電子署名（電子署名及び認証業務に関する法律（平成十二年法律第百二号）第二条第一項に規定する電子署名をいう。次号ハ及び第十条第二号において同じ。）が行われた当該提供を行う者の個人番号及び個人識別事項に係る情報であって総務大臣が定めるものの送信を受けること並びに次号ハに掲げる措置をとること（電子署名等に係る地方公共団体情報システム機構の認証業務に関する法律（平成十四年法律第百五十三号。次号ハにおいて「公的個人認証法」という。）第十七条第四項に規定する署名検証者又は同条第五項に規定する署名確認者（次号ハにおいて「署名検証者等」という。）が個人番号の提供を受ける場合に限る。）。

二　次のイ又はロに掲げる措置及びハ又はニに掲げる措置をとること。

イ　前条第一項第一号から第五号までに掲げるいずれかの措置

ロ　官公署若しくは個人番号利用事務等実施者から発行され、若しくは発給された書類その他これに類する書類であって個人番号利用事務実施者が適当と認めるもの（当該提供を行う者の個人番号及び個人識別事項が記載されているものに限る。）若しくはその写しの提出を受けること又は個人番号利用事務実施者が適当と認める方法により当該書類に係る電磁的記録（電子的方式、磁気的方式その他人の知覚によっては認識することができない方式で作られる記録をいう。第十条第三号ロにおいて同じ。）の送信を受けること。

ハ　署名用電子証明書（公的個人認証法第三条第一項に規定する署名用電子証明書をいう。以下この号及び第十条第二号において同じ。）及び当該署名用電子証明書により確認される電子署名が行われた当該提供に係る情報の送信を受けること（署名検証者等が個人番号の提供を受ける場合に限る。）。

ニ　ハに掲げるもののほか、個人番号利用事務実施者が適当と認める方法により、当該電子情報処理組織に電気通信回線で接続した電子計算機を使用する者が当該提供を行う者であることを確認すること。

（個人番号カードの交付申請者が通知

（個人番号カードを紛失している場合等の本人確認の措置）

第五条　法第十七条第一項の規定により個人番号カードを交付する市町村長は、交付申請者が通知カードを紛失し、又は焼失している場合には、次に掲げる措置をとるものとする。

一　住民基本台帳に記録されている交付申請者の個人番号及び個人識別事項を確認すること。

二　第一条第二項各号に掲げるいずれかの書類の提示を受けること。

2　令第十三条第三項の規定により交付申請者の代理人に対して個人番号カードを交付する市町村長は、交付申請者が通知カードを紛失し、又は焼失している場合には、前項の規定にかかわらず、次に掲げる措置をとるものとする。

一　住民基本台帳に記録されている交付申請者の個人番号及び個人識別事項を確認すること。

二　令第十三条第三項後段の規定に基づき書類の提示を受けること。

（経由市町村長を経由して交付申請書を提出する場合の本人確認の措置）

第五条の二　令第十三条第一項後段の規定により交付申請者が当該交付申請者

が記録されている住民基本台帳を備える市町村の長（以下「住所地市町村長」という。）以外の市町村長（以下この条において「経由市町村長」という。）を経由して令第十三条第一項前段に規定する交付申請書を提出した場合において、同条第二項ただし書の規定により個人番号カードを交付する市町村長は、次に掲げる措置をとるものとする。

一　経由市町村長を経由して交付申請者から通知カードの返納を受けること（次号に掲げる場合を除く。）。

二　交付申請者が通知カードを紛失し、又は焼失している場合には、前条第一項の規定にかかわらず、住民基本台帳に記録されている交付申請者の個人番号及び個人識別事項を確認すること。

三　交付申請者から第一条第二項各号に掲げるいずれかの書類の提示を受けた旨を記載した書面及び同項各号に掲げるいずれかの書類の写しの提供を経由市町村長から受けること。

（本人の代理人として個人番号の提供をすることを証明する書類）

第六条　令第十二条第二項第一号の主務

省令で定める書類は、次に掲げるいずれかの書類とする。
一　本人の代理人として個人番号の提供をする者が法定代理人である場合には、戸籍謄本その他その資格を証明する書類
二　本人の代理人として個人番号の提供をする者が法定代理人以外の者である場合には、委任状
三　前二号に掲げる書類の提示を受けることが困難であると認められる場合には、官公署又は個人番号利用事務等実施者から本人に対し一に限り発行され、又は発給された書類その他の本人の代理人として個人番号の提供をすることを証明するものとして個人番号利用事務実施者が適当と認める書類

2　個人番号利用事務等実施者は、本人の代理人から個人番号の提供を受ける場合であって当該代理人が法人であるときは、令第十二条第二項第一号に掲げる書類に代えて、前項各号に掲げる書類であって当該法人の商号又は名称及び本店又は主たる事務所の所在地が記載されたものの提示を受けなければならない。

（写真の表示等により代理人である個人番号提供者を確認できる書類）

第七条 令第十二条第二項第二号の主務省令で定める書類は、次に掲げるいずれかの書類とする。

一 個人番号カード又は第一条第一項第一号に掲げる書類

二 前号に掲げるもののほか、官公署から発行され、又は発給された書類その他これに類する書類であって、令第十二条第二項第一号に掲げる書類に記載された個人識別事項が記載され、かつ、写真の表示その他の当該書類に施された措置によって、当該書類の提示を行う者が当該個人識別事項により識別される特定の個人と同一の者であることを確認することができるものとして個人番号利用事務実施者が適当と認めるもの

2 個人番号利用事務等実施者は、本人の代理人から個人番号の提供を受ける場合であって当該代理人が法人であるときは、令第十二条第二項第二号に掲げる書類に代えて、登記事項証明書その他の官公署から発行され、又は発給された書類及び現に個人番号の提供を行う者と当該法人との関係を証する書類その他これらに類する書類であって

個人番号利用事務実施者が適当と認めるもの（当該法人の商号又は名称及び本店又は主たる事務所の所在地の記載があるものに限る。）の提示を受けなければならない。

（代理人から提示を受ける本人の個人番号及び個人識別事項が記載された書類）

第八条　令第十二条第二項第三号の主務省令で定める書類は、本人に係る個人番号カード、通知カード若しくは同条第一項第一号に掲げる書類又はこれらの写しとする。

（代理人である個人番号提供者を確認できる書類等の提示を受けることが困難であると認められる場合等の本人確認の措置）

第九条　個人番号利用事務等実施者は、令第十二条第二項第二号に掲げる書類の提示を受けることが困難であると認められる場合には、これに代えて、次に掲げる書類のうち二以上の書類（代理人の個人識別事項の記載があるものに限る。）の提示を受けなければならない。

一　第一条第一項第三号イに掲げる書

類

二　前号に掲げるもののほか、官公署又は個人番号利用事務等実施者から発行され、又は発給された書類その他これに類する書類であって個人番号利用事務実施者が適当と認めるもの

2　財務大臣等は、租税に関する事務の処理に関して、本人の代理人であって税理士法（昭和二十六年法律第二百三十七号）第二条第一項の事務を行う者から個人番号の提供を受ける場合には、令第十二条第二項第一号に掲げる書類又は第六条第二項の書類に記載された当該代理人の個人識別事項又は商号若しくは名称及び本店若しくは主たる事務所の所在地（以下この項において「個人識別事項等」という。）について、同法第十九条第一項の税理士名簿若しくは同法第四十八条の十第二項の税理士法人の名簿又は税理士法施行規則（昭和二十六年大蔵省令第五十五号）第二十六条第一項の書面に記録されている当該個人識別事項等を確認することをもって、第七条第二項又は前項の規定による書類の提示を受けることに代えることができる。

3　個人番号利用事務等実施者は、本人

確認の上特定個人情報ファイルを作成している場合であって、個人番号利用事務等を処理するに当たって当該特定個人情報ファイルに記録されている個人番号その他の事項を確認するため電話により本人の代理人から個人番号の提供を受けるときは、令第十二条第二項第一号又は第二号に掲げる書類の提示を受けることに代えて、本人及び代理人しか知り得ない事項その他の個人番号利用事務実施者が適当と認める事項の申告を受けることにより、当該提供を行う者が当該特定個人情報ファイルに記録されている者の代理人であることを確認しなければならない。

4　個人番号利用事務等実施者は、本人の代理人から個人番号の提供を受ける場合であって、その者と雇用関係にあることその他の事情を勘案し、その者が令第十二条第二項第一号に掲げる書類に記載されている個人識別事項により識別される特定の個人と同一の者であることが明らかであると個人番号利用事務実施者が認める場合には、令第十二条第二項第二号又は第七条第二項に掲げる書類の提示を受けることを要しない。

5　個人番号利用事務等実施者は、令第

十二条第二項第三号に掲げる書類の提示を受けることが困難であると認められる場合には、これに代えて、次に掲げるいずれかの措置をとらなければならない。

一　法第十四条第二項の規定により機構から本人に係る機構保存本人確認情報の提供を受けること（個人番号利用事務実施者が個人番号の提供を受ける場合に限る。）。

二　都道府県知事保存本人確認情報に記録されている本人の個人番号及び個人識別事項を確認すること（当該都道府県知事保存本人確認情報を保存する都道府県知事が個人番号の提供を受ける場合に限る。）。

三　住民基本台帳法第三十条の十五第二項の規定により都道府県知事から本人に係る都道府県知事保存本人確認情報の提供を受けること（当該都道府県知事以外の当該都道府県の執行機関が個人番号の提供を受ける場合に限る。）。

四　住民基本台帳に記録されている本人の個人番号及び個人識別事項を確認すること（当該住民基本台帳を備える市町村の長が個人番号の提供を受ける場合に限る。）。

五　本人確認の上特定個人情報ファイルを作成している場合には、当該特定個人情報ファイルに記録されている個人番号及び個人識別事項を確認すること。

六　官公署又は個人番号利用事務等実施者から発行され、又は発給された書類その他これに類する書類であって個人番号利用事務実施者が適当と認めるもの（本人の個人番号及び個人識別事項の記載があるものに限る。）の提示を受けること。

（電子情報処理組織を使用して本人の代理人から個人番号の提供を受ける場合の本人確認の措置）

第十条　個人番号利用事務等実施者は、その使用に係る電子計算機と個人番号の提供を行う者の使用に係る電子計算機とを電気通信回線で接続した電子情報処理組織を使用して本人の代理人から個人番号の提供を受ける場合には、次に掲げる措置をとらなければならない。

一　本人及び代理人の個人識別事項並びに本人の代理人として個人番号の提供を行うことを証明する情報の送信を受けることその他の個人番号利

用事務実施者が適当と認める方法により、当該提供を行う者が本人の代理人として当該提供を行うことを確認すること。

二　代理人に係る署名用電子証明書及び当該署名用電子証明書により確認される電子署名が行われた当該提供に係る情報の送信を受けることその他の個人番号利用事務実施者が適当と認める方法により、当該電子情報処理組織に電気通信回線で接続した電子計算機を使用する者が当該提供を行う者であることを確認すること。

三　次に掲げるいずれかの措置により、本人の個人番号及び個人識別事項を確認すること。

イ　前条第五項第一号から第五号までに掲げるいずれかの措置

ロ　官公署若しくは個人番号利用事務等実施者から発行され、若しくは発給された書類その他これに類する書類であって個人番号利用事務実施者が適当と認めるもの（本人の個人番号及び個人識別事項の記載があるものに限る。）若しくはその写しの提出を受けること又は個人番号利用事務実施者が適当と認める方法により当該書類に係る電磁的記録の送信を受けること。

（書面の送付により個人番号の提供を受ける場合の本人確認の措置）

第十一条　個人番号利用事務等実施者は、個人番号が記載された書面の送付により個人番号の提供を受ける場合には、法第十六条、令第十二条第一項若しくは第二項又は第一条第三項第一号、第三条第一項第六号、第二項若しくは第三項、第六条第二項、第七条第二項若しくは第九条第一項若しくは第五項第六号の規定により提示を受けることとされている書類又はその写しの提出を受けなければならない。

2　第一条第三項の規定は前項の規定による法第十六条の主務省令で定める書類として第一条第一項第一号又は第二号に掲げる書類又はその写しの提出を受けることについて、第三条第一項の規定は前項の規定による令第十二条第一項第一号に掲げる書類又はその写しの提出を受けることについて、第三条第二項及び第三項の規定は前項の規定による令第十二条第一項第二号に掲げる書類又はその写しの提出を受けることについて、第九条第一項及び第二項の規定は前項の規定による令第十二条第二項第二号に掲げる書類又はその写しの提出を受けることについて、第九条第五項の規定は前項の規定による令第十二条第二項第三号に掲げる書類又はその写しの提出を受けることについて、それぞれ準用する。

（個人番号指定請求書の提出を受ける場合の本人確認の措置）

第十二条 令第三条第二項において準用する法第十六条の規定による個人番号指定請求書（令第三条第一項に規定する個人番号指定請求書をいう。以下同じ。）の提出を受ける市町村長が行う本人確認の措置については、第一条第一項、第二条、第三条第一項（第一号から第三号まで、第五号及び第六号を除く。）及び第二項（第二号を除く。）、第四条（第二号ロを除く。）並びに第十七条第一項の規定を準用する。この場合において、第一条第一項第一号中「特別永住者証明書」とあるのは「特別永住者証明書のうち個人番号指定請求書（行政手続における特定の個人を識別するための番号の利用等に関する法律施行令第三条第一項に規定する個人番号指定請求書をいう。以下同じ。）の提出を受ける市町村長（特別区の区長を含む。以下同じ。）が適当と認めるもの」と、同項第二号中「個人番号利用事務実施者」とあるのは「個人番号指定請求書の提出を受ける市町村長」と、同項第三号中「二以上」とあるのは「二以上（当該書類の提示を受けるとともに当該書類の提示を行う者又はその者と同一の世帯に属する者に係る住民票の記載事項について申告を受けることその他の個人番号指定請求書の提出を受ける市町村長が適当と認める措置をとることにより当該書類の提示を行う者が当該書類に記載された個人識別事項により識別される特定の個人と同一の者であることを確認することができる場合には、一以上）」と、同号イ中「特別児童扶養手当証書」とあるのは「特別児童扶養手当証書のうち個人番号指定請求書の提出を受ける市町村長が適当と認める書類」と、同号ロ中「個人番号利用事務実施者が」とあるのは「個人番号指定請求書の提出を受ける市町村長が」と、第二条第一号中「前条」とあるのは「第十二条第一項において読み替えて準用する前条」と、同条第二号中「個人番号利用事務実施者」とあるのは「個人番号指定請求書の提出を受ける市町村長」と、

第三条第二項中「二以上」とあるのは「二以上（当該書類の提示を受けるとともに当該書類の提示を行う者又はその者と同一の世帯に属する者に係る住民票の記載事項について申告を受けることその他の個人番号指定請求書の提出を受ける市町村長が適当と認める措置をとることにより当該書類の提示を行う者が当該書類に記載された個人識別事項により識別される特定の個人と同一の者であることを確認することができる場合には、一以上）」と、同項第一号中「第一条第一項第三号イ」とあるのは「第十二条第一項において読み替えて準用する第一条第一項第三号イ及びロ」と、第四条第二号イ中「前条第一項第一号から第五号までに掲げるいずれかの」とあるのは「第十二条第一項において準用する前条第一項第四号に掲げる」と、同号ニ中「個人番号利用事務実施者」とあるのは「個人番号指定請求書の提出を受ける市町村長」と読み替えるものとする。

2　令第三条第七項において準用する令第十二条第二項の規定による個人番号指定請求書の提出を受ける市町村長が行う本人確認の措置については、第六条から第八条まで、第九条第一項及び第五項（第一号から第三号まで、第五号及び第六号を除く。）、第十七条（第三号ロを除く。）並びに第十七条第一項の規定を準用する。この場合において、第六条第一項第三号中「個人番号利用事務実施者」とあるのは「個人番号指定請求書（令第三条第一項に規定する個人番号指定請求書をいう。以下同じ。）の提出を受ける市町村長」と、第七条第一項第一号中「書類」とあるのは「書類のうち個人番号指定請求書の提出を受ける市町村長が適当と認めるもの」と、同項第二号中「個人番号利用事務実施者」とあるのは「個人番号指定請求書の提出を受ける市町村長」と、同条第二項中「個人番号利用事務実施者」とあるのは「個人番号指定請求書の提出を受ける市町村長」と、第九条第一項中「二以上」とあるのは「二以上（当該書類の提示を受けるとともに当該書類の提示を行う者又はその者と同一の世帯に属する者に係る住民票の記載事項について申告を受けることその他の個人番号指定請求書の提出を受ける市町村長が適当と認める措置をとることにより当該書類の提示を行う者が当該書類に記載された個人識別事項により識別される特定の個人と同一の者であることを確認することができる場合には、一以上）」と、同項第一号中「書類」とあるのは「書類のうち個人番号指定請求書の提出を受ける市町村長が適当と認めるもの」と、同項第二号中「個人番号利用事務実施者」とあるのは「個人番号指定請求書の提出を受ける市町村長」と、第十条第一号及び第二号中「個人番号利用事務実施者」とあるのは「個人番号指定請求書の提出を受ける市町村長」と、同条第三号イ中「前条第五項第一号から第五号までに掲げるいずれかの」とあるのは「第十二条第二項において準用する前条第五項第四号に掲げる」と読み替えるものとする。

3　個人番号指定請求書の提出を受ける市町村長は、個人番号指定請求書の送付によりその提出を受ける場合には、令第三条第二項において準用する法第十六条、令第十二条第一項若しくは第三条第七項において準用する令第十二条第二項又は第一項において準用する第三条第二項若しくは前項において準用する第六条第二項、第七条第二項若しくは第九条第一項の規定により提示を受けることとされている書類又はその写しの提出を受けなければならない。

第三章　個人番号カード

（個人番号カードの交付等）

第十七条　市町村長は、政令で定めると

第三章　個人番号カード

（個人番号カードの交付）

第十三条　個人番号カードの交付を受け

4　第一項において準用する第三条第一項（第一号から第三号まで、第五号及び第六号を除く。）の規定は前項の規定による令第十二条第一項第一号に掲げる書類又はその写しの提出を受けることについて、第一項において読み替えて準用する第三条第二項（第二号を除く。）の規定は前項の規定による令第十二条第一項第二号に掲げる書類又はその写しの提出を受けることについて、第二項において読み替えて準用する第九条第一項の規定は前項の規定による令第十二条第二項第二号に掲げる書類又はその写しの提出を受けることについて、第二項において準用する第九条第五項（第一号から第三号まで、第五号及び第六号を除く。）の規定は前項の規定による令第十二条第二項第三号に掲げる書類又はその写しの提出を受けることについて、それぞれ準用する。

第三章　個人番号カード

※第十七条から第十九条までを移動

（個人番号カードの交付申請）

第二十条　交付申請者は、令第十三条第

ころにより、当該市町村が備える住民基本台帳に記録されている者に対し、その者の申請により、その者に係る個人番号カードを交付するものとする。この場合において、当該市町村長は、その者から通知カードの返納及び前条の主務省令で定める書類の提示を受け、又は同条の政令で定める措置をとらなければならない。

2　個人番号カードの交付を受けている者は、住民基本台帳法第二十四条の二第一項に規定する最初の転入届をする場合には、当該最初の転入届と同時に、当該個人番号カードを市町村長に提出しなければならない。

3　前項の規定により個人番号カードの提出を受けた市町村長は、当該個人番号カードについて、カード記録事項の変更その他当該個人番号カードの適切な利用を確保するために必要な措置を講じ、これを返還しなければならない。

4　第二項の場合を除くほか、個人番号カードの交付を受けている者は、カード記録事項に変更があったときは、その変更があった日から十四日以内に、その旨を住所地市町村長に届け出るとともに、当該個人番号カードを提出しなければならない。この場合において

ようとする者（以下この条及び附則第四条において「交付申請者」という。）は、総務省令で定めるところにより、その交付を受けようとする旨その他総務省令で定める事項を記載し、かつ、交付申請者の写真を添付した交付申請書を、住所地市町村長に提出しなければならない。この場合において、住所地市町村長以外の市町村長を経由して交付申請書を提出することが当該交付申請者の利便及び迅速な個人番号カードの交付に資するものとして総務省令で定める事情があるときは、当該市町村長（次項ただし書において「経由市町村長」という。）を経由して、交付申請書を提出することができる。

一項前段に規定する交付申請書（以下「交付申請書」という。）に署名し、又は記名押印しなければならない。ただし、総務大臣の定める方法により交付申請書を提出する場合には、この限りでない。

（交付申請書の記載事項）

第二十一条　令第十三条第一項前段の総務省令で定める事項は、交付申請者の氏名、住所並びに個人番号又は生年月日及び性別（第三十五条第一項の規定により同項第三号に掲げる事務を地方公共団体情報システム機構（以下「機構」という。）が行う場合には、交付申請者の氏名、住所及び個人番号（交付申請者が通知カードとともに発送される交付申請書の用紙を用いる場合には、交付申請者の氏名、住所、生年月日及び性別））とする。

（交付申請書に添付する写真）

第二十二条　令第十三条第一項前段の規定により交付申請書に添付する写真は、申請前六月以内に撮影した無帽、正面、無背景のものとする。

（経由市町村長を経由して交付申請書

は、前項の規定を準用する。

を提出することができる場合)

第二十二条の二 令第十三条第一項後段の総務省令で定める事情は、次の各号のいずれかに該当する事情とする。

一 法人(法人でない団体で代表者又は管理人の定めのあるものを含む。以下この号において同じ。)が当該法人の事務所、事業所その他これらに準ずるものにおいて二以上の交付申請者に係る交付申請書を取りまとめることができること。

二 交付申請者が東日本大震災(平成二十三年三月十一日に発生した東北地方太平洋沖地震及びこれに伴う原子力発電所の事故による災害をいう。)の影響により当該交付申請者が記録されている住民基本台帳を備える市町村の区域外に避難することを余儀なくされていること。

三 交付申請者が配偶者からの暴力の防止及び被害者の保護等に関する法律(平成十三年法律第三十一号)第一条第二項に規定する被害者であり、かつ、更なる暴力によりその生命又は身体に危害を受けるおそれがあり、かつ、当該交付申請者が記録されている住民基本台帳を備える市町村の区域外に居住していること。

四　交付申請者がストーカー行為等の規制等に関する法律（平成十二年法律第八十一号）第七条第一項に規定するストーカー行為等に係る被害を受け、かつ、更に反復して同法第二条第一項に規定するつきまとい等をされるおそれがあり、かつ、当該交付申請者が記録されている住民基本台帳を備える市町村の区域外に居住していること。

五　交付申請者が児童虐待の防止等に関する法律（平成十二年法律第八十二号）第二条に規定する児童虐待を受け、かつ、再び児童虐待を受けるおそれ又は監護、教育、懲戒その他児童（十八歳に満たない者をいう。）の福祉のための必要な措置を受けることに支障をきたすおそれがあり、かつ、当該交付申請者が記録されている住民基本台帳を備える市町村の区域外に居住していること。

六　第二号から前号までに掲げる事情に準ずると住所地市町村長が認める事情があること。

（交付申請書の保存）

第二十三条　住所地市町村長は、法第十七条第一項の規定により交付した個人番号カードに係る交付申請書を、その受理した日から十五年間保存するものとする。

（個人番号カードの交付方法）

第二十三条の二　令第十三条第二項ただし書の総務省令で定める方法は、名宛人本人に限り交付し、又は配達する方法（名宛人であることの確認を行うことにより交付又は配達するものに限る。）とする。

（個人番号カードの二重交付の禁止）

第二十四条　個人番号カードの交付を受けている者は、当該個人番号カードが有効な限り、重ねて個人番号カードの交付を受けることができない。

（個人番号カードの様式）

第二十五条　個人番号カードの様式は、別記様式第二のとおりとする。

（個人番号カードの有効期間）

第二十六条　個人番号カードの有効期間は、次の各号に掲げる個人番号カードの交付を受ける者の区分に応じ、当該各号に定める期間とする。

一　個人番号カードの発行の日におい

て二十歳以上の者　当該発行の日から当該発行の日後のその者の十回目の誕生日まで

二　個人番号カードの発行の日において二十歳未満の者　当該発行の日から当該発行の日後のその者の五回目の誕生日まで

2　個人番号カードの交付を受ける者の誕生日が二月二十九日である場合における前項の規定の適用については、その者のうるう年以外の年における誕生日は二月二十八日であるものとみなす。

（外国人住民に係る個人番号カードの有効期間の特例）

第二十七条　住民基本台帳法（昭和四十二年法律第八十一号）第三十条の四十五に規定する外国人住民（中長期在留者（出入国管理及び難民認定法（昭和二十六年政令第三百十九号。以下「入管法」という。）第十九条の三に規定する中長期在留者をいう。以下この項において同じ。）のうち入管法別表第一の二の表の上欄の高度専門職の項の下欄第二号に係るものに限る。）をもって在留する者（以下この項及び次項第一号において「高度専門職第二号」という。）及び入管法別表第二の上欄の永住者の在留資格をもって在留する者（以下この項及び次項第一号において「永住者」という。）並びに特別永住者（日本国との平和条約に基づき日本の国籍を離脱した者等の出入国管理に関する特例法（平成三年法律第七十一号）に規定する特別永住者をいう。次項第一号において同じ。）を除く。以下この条において同じ。）に対し交付される個人番号カードの有効期間は、前条の規定にかかわらず、次の表の上欄に掲げる者の区分に応じ、それぞれ同表の下欄に掲げる期間とする。

中長期在留者（高度専門職第二号及び永住者を除く。）	個人番号カードの発行の日から入管法第十九条の三に規定する在留カード（出入国管理及び難民認定法及び日本国との平和条約に基づき日本の国籍を離脱した者等の出入国管理に関する特例法の一部を改正する等の法律（平成二十一年法律第七十九号）附則第七条第一項に規定する法務大臣が中長期在留者に対し、出

	入国港において在留カードを交付することができない場合にあっては、同項の規定により後日在留カードを交付する旨の記載がされた旅券）に記載されている在留期間の満了の日まで
住民基本台帳法第三十条の四十五の表に規定する一時庇護許可者又は仮滞在許可者	個人番号カードの発行の日から入管法第十八条の二第四項に規定する上陸期間又は入管法第六十一条の二の四第二項に規定する仮滞在許可書に記載されている仮滞在期間を経過する日まで
住民基本台帳法第三十条の四十五の表に規定する出生による経過滞在者又は国籍喪失による経過滞在者	個人番号カードの発行の日から出生した日又は日本の国籍を失った日から六十日を経過する日まで

2　個人番号カードの交付を受けた後に次の各号に掲げる場合に該当することとなった外国人住民は、前項の規定にかかわらず、住所地市町村長に対し、当該個人番号カードを提示して、当該個人番号カードの有効期間について、当該各号に定める期間とすることを求めることができる。

一　入管法第二十条の規定による在留資格の変更、入管法第二十一条の規定による在留期間の更新又は入管法第二十二条の二の規定による在留資格の取得等により適法に本邦に在留できる期間が延長された場合　個人番号カードの発行の日から延長された適法に本邦に在留できる期間の満了の日（前条第一項の規定が当該個人番号カードに適用されていたと仮定した場合における当該個人番号カードの有効期間が満了する日（以下この号及び次号において「仮定有効期間満了日」という。）が、当該延長された適法に本邦に在留できる期間の満了の日より早い場合又はその者が高度専門職第二号、永住者若しくは特別永住者となった場合には、仮定有効期間満了日）まで

二　入管法第二十条第五項（入管法第

二十一条第四項において準用する場合を含む。以下この項において同じ。）の規定により在留期間の満了後も引き続き本邦に在留することができることとなった場合　個人番号カードの発行の日から入管法第二十条第五項の規定により在留することができる期間の満了の日（仮定有効期間満了日が、当該入管法第二十条第五項の規定により在留することができる期間の満了の日より早い場合には、仮定有効期間満了日）まで

3　外国人住民に再交付される個人番号カードについて第一項の規定を適用する場合には、同項中「交付される個人番号カードの有効期間は、前条の規定にかかわらず」とあるのは「再交付される個人番号カードの有効期間は、次条第六項の規定により読み替えて適用する前条の規定にかかわらず」と、同項の表中「個人番号カード」とあるのは「再交付される個人番号カード」とし、個人番号カードの再交付を受けた外国人住民について前項の規定を適用する場合には、同項中「交付を受けた」とあるのは「再交付を受けた」と、「当該個人番号カード」とあるのは「当該再交付された個人番号カード」

とする。

4　第二十九条第二項の規定により外国人住民に交付される新たな個人番号カードについて第一項の規定を適用する場合には、同項中「交付される個人番号カードの有効期間は、前条の規定にかかわらず」とあるのは「第二十九条第二項の規定により交付される新たな個人番号カード（以下この条において「新たな個人番号カード」という。）の有効期間は、同条第三項の規定により読み替えて適用する前条の規定にかかわらず」と、同項の表中「個人番号カード」とあるのは「新たな個人番号カード」とし、第二十九条第二項の規定により新たな個人番号カードの交付を受けた外国人住民について第二項の規定を適用する場合には、同項中「個人番号カードの交付を受けた」とあるのは「新たな個人番号カードの交付を受けた」と、「当該個人番号カード」とあるのは「当該新たな個人番号カード」とする。

（個人番号カードの再交付の申請等）

第二十八条　個人番号カードの交付を受けている者は、個人番号カードを紛失し、焼失し、若しくは著しく損傷した場合又は個人番号カードの機能が損なわれた場合には、住所地市町村長に対し、個人番号カードの再交付を受けようとする旨及びその事由並びに当該個人番号カードの交付を受けている者の氏名、住所並びに個人番号又は生年月日及び性別（第三十五条第一項の規定により同項第三号に掲げる事務を機構が行う場合には、個人番号カードの再交付を受けようとする旨及びその事由並びに当該個人番号カードの交付を受けている者の氏名、住所及び個人番号）を記載し、かつ、その者の写真を添付した再交付申請書を提出して、個人番号カードの再交付を求めることができる。

2　前項の規定により個人番号カードの再交付を受けようとする者は、現に交付を受けている個人番号カードを紛失し、又は焼失した場合を除き、当該個人番号カードを返納の上、再交付を求めなければならない。

3　第一項の規定により個人番号カードの再交付を受けようとする者は、現に交付を受けている個人番号カードを紛失し、又は焼失した場合には、同項に規定する再交付申請書に、当該個人番号カードを紛失し、又は焼失した事実を疎明するに足りる資料を添付しなければならない。

4　第一項に規定する場合に該当することとなった個人番号カードは、同項の規定により個人番号カードの再交付の求めがあったときに、その効力を失うものとする。

5　個人番号カードの再交付を受けた者は、紛失した個人番号カードを発見した場合には、その旨並びにその者の氏名及び住所を記載した書面を添えて、発見した個人番号カードを、住所地市町村長に遅滞なく返納しなければならない。

6　再交付される個人番号カードについて第二十六条の規定を適用する場合には、同条第一項中「個人番号カードの有効期間」とあるのは「再交付される個人番号カードの有効期間」と、「交付を受ける者」とあるのは「再交付を受ける者」と、「個人番号カードの発行の日」とあるのは「再交付される個人番号カードの発行の日」と、同条第二項中「交付を受ける者」とあるのは「再交付を受ける者」とする。

7　第二十二条の規定は第一項に規定する再交付申請書に添付する写真について、第二十三条の規定は第一項に規定する再交付申請書の保存について、それぞれ準用する。

（個人番号カードの有効期間内の交付の申請等）

第二十九条　個人番号カードの交付を受けている者は、当該個人番号カードの有効期間が満了する日までの期間が三月未満となった場合又は追記欄の余白がなくなった場合その他住所地市町村長が特に必要と認める場合には、第二十四条の規定にかかわらず、住所地市町村長に対し、当該個人番号カードの有効期間内においても当該個人番号カードを提示して、新たな個人番号カードの交付を求めることができる。

2　住所地市町村長は、前項の求めがあった場合には、その者に対し、その者が現に有する個人番号カードと引換えに新たな個人番号カードを交付しなければならない。

3　前項の規定により交付される新たな個人番号カードについて第二十六条の規定を適用する場合には、同条第一項中「個人番号カードの有効期間」とあるのは「第二十九条第二項の規定により交付される新たな個人番号カード（以下この条において「新たな個人番

5　個人番号カードの交付を受けている者は、当該個人番号カードを紛失したときは、直ちに、その旨を住所地市町村長に届け出なければならない。

号カード」という。）の有効期間」と、「個人番号カードの交付を受ける者」とあるのは「新たな個人番号カードの交付を受ける者」と、同項第一号中「個人番号カード」とあるのは「新たな個人番号カード」と、「十回目」とあるのは「十回目（従前の個人番号カードの有効期間が満了する日までの期間が三月未満となった場合に該当して新たな個人番号カードの交付を受ける場合にあっては、十一回目）」と、同項第二号中「個人番号カード」とあるのは「新たな個人番号カード」と、「五回目」とあるのは「五回目（従前の個人番号カードの有効期間が満了する日までの期間が三月未満となった場合に該当して新たな個人番号カードの交付を受ける場合にあっては、六回目）」と、同条第二項中「個人番号カード」とあるのは「新たな個人番号カード」とする。

（紛失した個人番号カードを発見した場合の届出）

第三十条　法第十七条第五項の規定による届出をした者は、紛失した個人番号カードを発見したとき（第十一条第五項及び第二十八条第五項に規定する場

2　住所地市町村長は、前項の規定による交付申請書の提出を受けたときは、交付申請者に対し、当該市町村の事務所への出頭を求めて、個人番号カードを交付するものとする。ただし、交付申請者が、同項の規定による交付申請書の提出を、住所地市町村長が指定する場所（同項後段の場合にあっては、経由市町村長が指定する場所）に出頭してしたときは、当該交付申請者が確実に受領することができるものとして総務省令で定める方法により、当該事務所への出頭を求めることなく、個人番号カードを交付することができる。

3　住所地市町村長は、病気、身体の障害その他のやむを得ない理由により交付申請者の出頭が困難であると認められるときは、前項本文の規定にかかわらず、当該交付申請者の指定した者の出頭を求めて、その者に対し、個人番号カードを交付することができる。この場合において、住所地市町村長は、その者から、当該交付申請者の出頭が困難であることを疎明するに足りる資料及び

合に該当して発見した個人番号カードを返納したときを除く。）は、遅滞なく、その旨を住所地市町村長に届け出なければならない。

（交付申請者の代理人から提示を受ける書類）

第十三条　令第十三条第三項後段の主務省令で定める書類は、個人番号カードの交付の申請について、交付申請者が本人であること及び当該申請が交付申請者の意思に基づくものであることを確認するため、郵便その他住所地市町村長が適当と認める方法により交付申請者に対して文書で照会したその回答

次に掲げる書類その他**主務省令で定める書類**の提示を受けなければならない。

一　個人識別事項が記載された書類であって、当該個人識別事項により識別される特定の個人が当該交付申請者の依頼により又は法令の規定により当該交付申請者の代理人として個人番号カードの交付を受けることを証明するものとして**主務省令で定めるもの**

二　前号に掲げる書類に記載された個人識別事項が記載された書類であって、写真の表示その他の当該書類に施された措置によって、当該書類の提示を行う者が当該個人識別事項により識別される特定の個人と同一の者であることを確認することができるものとして**主務省令で定めるもの**

三　当該交付申請者の個人識別事項が記載され、及び当該交付申請者の写真が表示された書類であって**主務省令で定めるもの**

4　住所地市町村長は、前二項の規定により個人番号カードを交付するに当たっては、交付申請者に対し、通知カードの返納を求めるものとする。

5　第三条第六項の規定は、第一項の規定による交付申請書の提出及び前項の

書とする。ただし、交付申請者の代理人として個人番号カードの交付を受ける者が法定代理人である場合には、住所地市町村長が必要と認める場合に限るものとする。

（交付申請者の代理人として個人番号カードの交付を受けることを証明する書類）

第十四条　令第十三条第三項第一号の主務省令で定める書類は、次に掲げるいずれかの書類とする。

一　交付申請者の代理人として個人番号カードの交付を受ける者が法定代理人である場合には、戸籍謄本その他その資格を証明する書類

二　交付申請者の代理人として個人番号カードの交付を受ける者が法定代理人以外の者である場合には、交付申請者の指定の事実を確認するに足る資料

（写真の表示等により交付申請者の代理人を確認できる書類）

第十五条　令第十三条第三項第二号の主務省令で定める書類は、第一条第二項第一号から第三号までに掲げるいずれかの書類とする。ただし、個人番号

規定による通知カードの返納について準用する。

カードの交付を受けている者が代理人として個人番号カードの交付を受ける場合においては、同項中第一号から第三号までの規定の適用については、これらの規定中「いずれかの書類」とあるのは、「いずれかの書類、個人番号カード」とする。

（代理人から提示を受ける交付申請者の個人識別事項の記載等がされた書類）

第十六条　令第十三条第三項第三号の主務省令で定める書類は、次に掲げる書類のうち二以上の書類とする。ただし、当該書類には、第一号に掲げる一以上の書類を含むものとする。

一　第一条第一項第一号に掲げるいずれかの書類又は一時庇護許可書若しくは仮滞在許可書のうち住所地市町村長が適当と認めるもの

二　前号に掲げるもののほか、官公署から発行され、又は発給された書類その他これに類する書類であって住所地市町村長が適当と認めるもの（交付申請者の個人識別事項が記載され、及び交付申請者の写真が表示されたものに限る。）

2　住所地市町村長は、前項に掲げる書類の提示を受けることが困難であると

6　個人番号カードは、その有効期間が満了した場合その他政令で定める場合には、その効力を失う。

（個人番号カードが失効する場合）

第十四条　法第十七条第六項の政令で定める場合は、次に掲げる場合とする。

一　個人番号カードの交付を受けている者が国外に転出をしたとき。

二　個人番号カードの交付を受けている者が転出届をした場合において、その者が最初の転入届（住民基本台帳法第二十四条の二第一項に規定する最初の転入届をいう。次号においい

認められる場合には、次に掲げる書類の提示を受けるものとする。

一　前項第一号に掲げる書類

二　第一条第一項第三号イに掲げる書類その他の住所地市町村長が適当と認める書類（交付申請者の個人識別事項の記載があるものに限る。）

3　住所地市町村長は、前二項に掲げる書類の提示を受けることが困難であると認められる場合には、次に掲げる書類の提示を受けるものとする。

一　第一項第二号に掲げる書類

二　第一条第一項第三号イに掲げる書類その他の住所地市町村長が適当と認める二以上の書類（交付申請者の個人識別事項の記載があるものに限る。）

て同じ。）を行うことなく、当該転出届により届け出た転出の予定年月日から三十日を経過し、又は転入をした日から十四日を経過したとき。

三　個人番号カードの交付を受けている者が転出届をした場合において、その者が当該転出届に係る最初の転入届を受けた市町村長に当該個人番号カードの提出を行うことなく、最初の転入届をした日から九十日を経過し、又はその者が当該市町村長の統括する市町村から転出をしたとき。

四　個人番号カードの交付を受けている者が死亡したとき。

五　個人番号カードの交付を受けている者が住民基本台帳法の適用を受けない者となったとき。

六　個人番号カードの交付を受けている者に係る住民票が消除されたとき（転出届（国外への転出に係るものを除く。）に基づき当該住民票が消除されたとき、住民基本台帳法施行令第八条の二の規定により当該住民票が消除されたとき及び第一号又は前二号に掲げる場合に該当したことにより当該住民票が消除されたときを除く。）。

七　個人番号カードの交付を受けてい

7　個人番号カードの交付を受けている者は、当該個人番号カードの有効期間が満了した場合その他政令で定める場合には、政令で定めるところにより、当該個人番号カードを住所地市町村長に返納しなければならない。

る者に係る住民票に記載されている住民票コードについて記載の修正が行われたとき。

八　第三条第五項又は第四条第二項の規定により返納を求められた個人番号カードにあっては、当該個人番号カードが返納されたとき又は当該個人番号カードの返納を求められた者に係る住民票に記載されている個人番号について記載の修正が行われたときのいずれか早いとき。

九　次条第四項の規定により返納された個人番号カードにあっては、当該個人番号カードが返納されたとき。

十　第十六条第一項の規定により返納を命ぜられた個人番号カードにあっては、同条第二項の規定により個人番号カードの返納を命ずる旨を通知し、又は公示したとき。

（個人番号カードの返納）

第十五条　法第十七条第七項の政令で定める場合は、次に掲げる場合とする。

一　前条第三号又は第七号に該当したとき。

二　第三条第五項又は第四条第二項の規定により個人番号カードの返納を求められたとき。

三　次条第一項の規定により個人番号カードの返納を命ぜられたとき。

2　個人番号カードの交付を受けている者は、個人番号カードの有効期間が満了した場合又は前項各号のいずれかに該当する場合には、個人番号カードを返納する理由その他総務省令で定める事項を記載した書面を添えて、当該個人番号カードを、住所地市町村長に遅滞なく返納しなければならない。

3　個人番号カードの交付を受けている者は、前条第一号、第二号、第五号又は第六号のいずれかに該当した場合には、個人番号カードを返納する理由その他総務省令で定める事項を記載した書面を添えて、当該個人番号カードを、その者につき直近に住民票の記載をした市町村長に遅滞なく返納しなければならない。

4　個人番号カードの交付を受けている者は、いつでも、当該個人番号カードを住所地市町村長に返納することができる。

5　第三条第六項の規定は、前三項の規定による個人番号カードの返納について準用する。

（個人番号カードの返納命令）

（個人番号カードの返納届の記載事項）

第三十一条　令第十五条第二項及び第三項の総務省令で定める事項は、個人番号カードの交付を受けている者の氏名及び住所とする。

8　前各項に定めるもののほか、個人番

第十六条　住所地市町村長は、法第十七条第一項の規定による個人番号カードの交付又は同条第三項（同条第四項において準用する場合を含む。）の規定による個人番号カードの返還が錯誤に基づき、又は過失によってされた場合において、当該個人番号カードを返納させる必要があると認めるときは、当該個人番号カードの交付を受けている者に対し、当該個人番号カードの返納を命ずることができる。

2　住所地市町村長は、前項の規定により個人番号カードの返納を命ずることを決定したときは、当該個人番号カードの交付を受けている者に対し、書面によりその旨を通知するものとする。この場合において、通知を受けるべき者の住所及び居所が明らかでないときその他通知をすることが困難であると認めるときは、その通知に代えて、その旨を公示することができる。

（返納された個人番号カードの廃棄）

第十七条　個人番号カードの返納を受けた市町村長は、返納された個人番号カードを廃棄しなければならない。

（国外転出者に対する個人番号カード

号カードの様式、個人番号カードの有効期間及び個人番号カードの再交付を受けようとする場合における手続その他個人番号カードに関し必要な事項は、総務省令で定める。

（個人番号カードの還付）

第三十二条 市町村長は、令第十五条第三項の規定により個人番号カードの返納を受けた場合（令第十四条第一号に該当して個人番号カードの返納を受けた場合に限る。）においては、これに国外への転出により返納を受けた旨を表示し、当該個人番号カードを返納した者に還付するものとする。

2 前項の規定により市町村長が個人番号カードを還付したときは、令第十七条の規定により当該個人番号カードを廃棄したものとみなす。

（個人番号カードの暗証番号）

第三十三条 令第十三条第二項本文又は第三項の規定により交付申請者又はその法定代理人が個人番号カードの交付を受けるときは、当該交付申請者又はその法定代理人は、当該個人番号カードに四桁の数字からなる暗証番号（以下この条において「暗証番号」という。）を設定しなければならない。

2 令第十三条第二項ただし書の規定により交付申請者が個人番号カードの交付を受けるときは、当該交付申請者は、暗証番号を住所地市町村長（当該交付申請者が同条第一項後段の規定により交付申請書を提出する場合にあっては、同項後段に規定する経由市町村長を経由して住所地市町村長）に届け出なければならない。この場合において、住所地市町村長は、当該個人番号カードに当該暗証番号を設定するものとする。

3　令第十三条第三項の規定により交付申請者の指定した者（当該交付申請者の法定代理人を除く。以下この項において同じ。）が個人番号カードの交付を受けるときは、当該交付申請者の指定した者は、暗証番号を住所地市町村長に届け出なければならない。この場合において、住所地市町村長は、当該個人番号カードに当該暗証番号を設定するものとする。

4　個人番号カードの交付を受けている者は、個人番号カードを利用するに当たり、住所地市町村長その他の市町村の執行機関から暗証番号の入力を求められたとき又は住所地市町村長以外の市町村長その他の市町村の執行機関、都道府県知事その他の都道府県の執行機関若しくは住民基本台帳法別表第一の上欄に掲げる国の機関若しくは法人から同法に規定する事務若しくはその処理する事務であって同法の定めるところにより当該事務の処理に関し本人確認情報の提供を求めることができることとされているものの遂行のため必要がある場合において暗証番号の入力を求められたときは、入力装置に暗証番号を入力しなければならない。

（個人番号カードの技術的基準）

第三十四条　個人番号カードに関する技術的基準については、総務大臣が定める。

（通知カード・個人番号カード関連事務の委任）

第三十五条　市町村長は、機構に、通知カード及び個人番号カードに係る事務のうち次に掲げる事務（以下「通知カード・個人番号カード関連事務」という。）を行わせることができる。

一　通知カード、交付申請書の用紙及びこれらに関連する印刷物（この号及び次条第一項第二号において「通知カード等」という。）の作成及び発送（受取人の住所及び居所が明らかでないことその他の理由により返送された通知カード等の再度の発送を除く。）

二　通知カードの作成及び発送等に関する状況の管理

三　交付申請書及び第二十八条第一項に規定する再交付申請書の受付及び保存
四　個人番号カードの作成
五　個人番号カード交付通知書（個人番号カードを交付するため、住所地市町村長が交付申請者に対して当該市町村の事務所への出頭を求める旨を記載した通知書をいう。次条第一項第一号及び第四号において同じ。）の作成
六　電話による個人番号カードを紛失した旨の届出（個人番号カードの利用の一時停止に係るものに限る。）の受付
七　個人番号カードの作成及び運用に関する状況の管理
八　通知カード及び個人番号カードに係る住民からの問合せへの対応
2　委任市町村長（前項の規定により機構に通知カード・個人番号カード関連事務を行わせることとした市町村長をいう。以下同じ。）は、通知カード・個人番号カード関連事務（同項第一号、第二号、第五号、第七号及び第八号に掲げる事務（同項第一号に掲げる事務のうち通知カードの作成及び発送を除く。）を除く。）を行わないものとする。

3　委任市町村長は、第一項の規定により機構に通知カード・個人番号カード関連事務を行わせることとした日を公示しなければならない。

（通知カード・個人番号カード関連事務に係る通知）

第三十六条　委任市町村長は、次に掲げる事項について、機構に通知するものとする。

一　通知カード、交付申請書の用紙、個人番号カード及び個人番号カード交付通知書に記載すべき事項

二　通知カード等の発送先の住所等

三　前条第一項第二号に掲げる事務に係る事項として、通知カードの返送を受けた場合には、その旨

四　個人番号カード及び個人番号カード交付通知書の発送先の住所等

五　前条第一項第七号に掲げる事務に係る事項として、個人番号カードを交付した場合、個人番号カードを紛失した旨の届出（個人番号カードの利用の一時停止に係るものを除く。）を受けた場合、紛失した個人番号カードを発見した旨の届出を受けた場合、個人番号カードがその効力を失ったことを知った場合又は個人番

号カードの返納を受けた場合には、その旨

六　前各号に掲げる事項のほか、通知カード・個人番号カード関連事務を実施するために必要な事項

2　前項の規定による通知は、電子計算機の操作により、委任市町村長の使用に係る電子計算機から電気通信回線を通じて機構の使用に係る電子計算機に送信すること又は同項各号に掲げる事項の全部若しくは一部を記録した磁気ディスクを機構に送付することによって行うものとし、電気通信回線を通じた送信又は磁気ディスクの送付の方法に関する技術的基準については、総務大臣が定める。

3　機構は、委任市町村長が前条第一項第二号及び第七号に掲げる事務を実施するために必要な事項について、委任市町村長に通知するものとする。

4　前項の規定による通知は、電子計算機の操作により、機構の使用に係る電子計算機から電気通信回線を通じて委任市町村長の使用に係る電子計算機に送信することによって行うものとし、電気通信回線を通じた送信の方法に関する技術的基準については、総務大臣が定める。

（交付金）

第三十七条　委任市町村長の統括する市町村は、機構に対して、当該委任市町村長が行わせることとした通知カード・個人番号カード関連事務に要する費用に相当する金額を交付金として交付するものとする。

2　前項の交付金の額については、機構が定款で定めるところにより定める。

（通知カード・個人番号カード関連事務の委任の解除）

第三十八条　委任市町村長は、機構に通知カード・個人番号カード関連事務を行わせないこととするときは、その三月前までに、その旨を機構に通知しなければならない。

2　委任市町村長は、機構に通知カード・個人番号カード関連事務を行わせないこととしたときは、その日を公示しなければならない。

（委任市町村長による通知カード・個人番号カード関連事務の実施等）

第三十九条　委任市町村長は、機構が天災その他の事由により通知カード・個人番号カード関連事務の全部又は一部を実施することが困難となった場合に

（個人番号カードの利用）
第十八条　個人番号カードは、第十六条の規定による本人確認の措置において利用するほか、次の各号に掲げる者が、条例（第二号の場合にあっては、政

（個人番号カードの利用）
第十八条　法第十八条第二号に掲げる者が、同条の規定により個人番号カードを利用するときは、あらかじめ、当該個人番号カードの交付を受けている者

は、第三十五条第二項の規定にかかわらず、当該通知カード・個人番号カード関連事務の全部又は一部を行うものとする。

2　委任市町村長は、前項の規定により通知カード・個人番号カード関連事務の全部又は一部を行うときは、その旨を公示しなければならない。

3　第一項の規定により委任市町村長が通知カード・個人番号カード関連事務を行うこととなった場合には、機構は、次に掲げる事務を行わなければならない。

一　引き継ぐべき通知カード・個人番号カード関連事務を委任市町村長に引き継ぐこと。

二　引き継ぐべき通知カード・個人番号カード関連事務に関する帳簿、書類、資材及び磁気ディスクを委任市町村長に引き渡すこと。

三　その他委任市町村長が必要と認める事項を行うこと。

令）で定めるところにより、個人番号カードのカード記録事項が記録された部分と区分された部分に、当該各号に定める事務を処理するために必要な事項を電磁的方法により記録して利用することができる。この場合において、これらの者は、カード記録事項の漏えい、滅失又は毀損の防止その他のカード記録事項の安全管理を図るため必要なものとして総務大臣が定める基準に従って個人番号カードを取り扱わなければならない。

一　市町村の機関　地域住民の利便性の向上に資するものとして条例で定める事務

二　特定の個人を識別して行う事務を処理する行政機関、地方公共団体、民間事業者その他の者であって政令で定めるもの　当該事務

にその利用の目的を明示し、その同意を得なければならない。

2　法第十八条第二号の政令で定める者は、次に掲げる者とする。

一　国民の利便性の向上に資するものとして総務大臣が定める事務を処理する行政機関、独立行政法人等又は機構

二　地方公共団体に対し申請、届出その他の手続を行い、又は地方公共団体から便益の提供を受ける者の利便性の向上に資するものとして条例で定める事務（法第十八条第一号に定める事務を除く。）を処理する地方公共団体の機関

三　地方独立行政法人に対し申請、届出その他の手続を行い、又は地方独立行政法人から便益の提供を受ける者の利便性の向上に資するものとして条例で定める事務を処理する地方独立行政法人

四　国民の利便性の向上に資するものとして総務大臣が定める事務を処理する民間事業者（当該事務及びカード記録事項の安全管理を適切に実施することができるものとして総務大臣が定める基準に適合する者に限る。）

第四章　特定個人情報の提供

第一節　特定個人情報の提供の制限等

（特定個人情報の提供の制限）

第十九条　何人も、次の各号のいずれかに該当する場合を除き、特定個人情報の提供をしてはならない。

一　個人番号利用事務実施者が個人番号利用事務を処理するために必要な限度で本人若しくはその代理人又は個人番号関係事務実施者に対し特定個人情報を提供するとき。（個人番号利用事務実施者が、生活保護法（昭和二十五年法律第百四十四号）

第四章　特定個人情報の提供

第一節　特定個人情報の提供の制限等

（資産等の状況についての報告を求めるために個人番号の提供をすることができる場合）

第十八条の二　法第十九条第一号の政令で定める法律の規定は、次のとおりとする。

一　児童福祉法（昭和二十二年法律第百六十四号）第五十七条の四

二　生活保護法（昭和二十五年法律第百四十四号）第二十九条第一項（中国残留邦人等の円滑な帰国の促進並

（訳文の添付）

第十七条　個人番号利用事務等実施者は、法、令又はこの命令の規定により個人番号の提供を受けることとされている者から提示又は提出を受けることとされている書類が外国語により作成されている場合には、翻訳者を明らかにした訳文の添付を求めることができる。

2　前項の規定は、市町村長が交付申請者から提示を受けることとされている書類について準用する。

第四章　特定個人情報の提供

第一節　特定個人情報の提供の制限等

第二十九条第一項、厚生年金保険法第百条の二第五項その他の政令で定める法律の規定により本人の資産又は収入の状況についての報告を求めるためにその者の個人番号を提供する場合にあっては、銀行その他の政令で定める者に対し提供するときに限る。）。

二　個人番号関係事務実施者が個人番号関係事務を処理するために必要な限度で特定個人情報を提供するとき（第十号に規定する場合を除く。）。

三　本人又はその代理人が個人番号利用事務等実施者に対し、当該本人の個人番号を含む特定個人情報を提供するとき。

四　機構が第十四条第二項の規定により個人番号利用事務実施者に機構保存本人確認情報を提供するとき。

五　特定個人情報の取扱いの全部若しくは一部の委託又は合併その他の事由による事業の承継に伴い特定個人情報を提供するとき。

びに永住帰国した中国残留邦人等及び特定配偶者の自立の支援に関する法律（平成六年法律第三十号）第十四条第四項（同法第十五条第三項及び中国残留邦人等の円滑な帰国の促進及び永住帰国後の自立の支援に関する法律の一部を改正する法律（平成十九年法律第百二十七号）附則第四条第二項において準用する場合を含む。）並びに中国残留邦人等の円滑な帰国の促進及び永住帰国後の自立の支援に関する法律の一部を改正する法律（平成二十五年法律第百六号）附則第二条第一項及び第二項の規定によりなお従前の例によるものとされた同法による改正前の中国残留邦人等の円滑な帰国の促進及び永住帰国後の自立の支援に関する法律第十四条第四項の規定によりその例によるものとされる場合を含む。）

三　公営住宅法（昭和二十六年法律第百九十三号）第三十四条（住宅地区改良法（昭和三十五年法律第八十四号）第二十九条第一項において準用する場合を含む。）

四　厚生年金保険法（昭和二十九年法律第百十五号）第百条の二第五項

五　国民健康保険法（昭和三十三年法

律第百九十二号）第百十三条の二第一項
六　国民年金法（昭和三十四年法律第百四十一号）第百八条第一項及び第二項
七　児童扶養手当法（昭和三十六年法律第二百三十八号）第三十条
八　老人福祉法（昭和三十八年法律第百三十三号）第三十六条
九　特別児童扶養手当等の支給に関する法律（昭和三十九年法律第百三十四号）第三十七条
十　児童手当法（昭和四十六年法律第七十三号）第二十八条（同法附則第二条第三項において準用する場合を含む。）
十一　高齢者の医療の確保に関する法律（昭和五十七年法律第八十号）第百三十八条第一項及び第三項
十二　介護保険法（平成九年法律第百二十三号）第二百三条第一項
十三　特定障害者に対する特別障害給付金の支給に関する法律（平成十六年法律第百六十六号）第二十九条
十四　障害者の日常生活及び社会生活を総合的に支援するための法律（平成十七年法律第百二十三号）第十二条

六　住民基本台帳法第三十条の六第一項の規定その他政令で定める同法の規定により特定個人情報を提供するとき。

十五　子ども・子育て支援法（平成二十四年法律第六十五号）第十六条
十六　難病の患者に対する医療等に関する法律（平成二十六年法律第五十号）第三十七条

2　法第十九条第一号の政令で定める者は、預金保険法（昭和四十六年法律第三十四号）第二条第一項に規定する金融機関、農水産業協同組合貯金保険法（昭和四十八年法律第五十三号）第二条第一項に規定する農水産業協同組合又は所得税法（昭和四十年法律第三十三号）第二百二十五条第一項の規定による支払に関する調書の提出若しくは同法第二百二十六条第一項から第三項までの規定による源泉徴収票の提出をすることとされている者とする。

（特定個人情報を提供することができる住民基本台帳法の規定）

第十九条　法第十九条第六号の政令で定める住民基本台帳法の規定は、同法第十二条第五項（同法第三十条の五十一の規定により読み替えて適用する場合を含む。）、第三十条の七第一項又は第三十条の三十二第二項の規定その他**主務省令で定める同法の規定**とする。

（特定個人情報を提供することができる住民基本台帳法の規定）

第十八条　令第十九条の主務省令で定める住民基本台帳法の規定は、同法第十二条の四第三項若しくは第四項（同法第三十条の五十一の規定により読み替えて適用する場合を含む。）、第十二条の五、第十三条、第十四条第二項、第二十二条第二項、第二十四条の二第四項、第三十条の八、第三十条の十第一

七　別表第二の第一欄に掲げる者（法令の規定により同表の第二欄に掲げる事務の全部又は一部を行うこととされている者がある場合にあっては、その者を含む。以下「情報照会者」という。）が、政令で定めるところにより、同表の第三欄に掲げる者（法令の規定により同表の第四欄に掲げる特定個人情報の利用又は提供に関する事務の全部又は一部を行うこととされている者がある場合にあっては、その者を含む。以下「情報提供者」という。）に対し、同表の第二欄に掲げる事務を処理するために必要な同表の第四欄に掲げる特定個人情報（情報提供者の保有する特定個人情報ファイルに記録されたものに限る。）の提供を求めた場合において、当該情報提供者が情報提供ネットワークシステムを使用して当該特定個人情報を提供するとき。

（情報提供用個人識別符号の取得）

第二十条　情報照会者又は情報提供者（以下この条において「情報照会者等」という。）は、法第十九条第七号の規定による特定個人情報の提供を管理するために個人番号に代わって用いられる特定の個人を識別する符号（以下「情報提供用個人識別符号」という。）を、総務大臣から取得することができる。

2　情報照会者等は、情報提供用個人識別符号を取得しようとするときは、機構に対し、当該情報提供用個人識別符号により識別しようとする特定の個人の個人番号その他総務省令で定める事項（次項において「通知事項」という。）を通知するものとする。

3　前項の規定による通知は、次のいずれかの方法により行うものとする。

一　総務省令で定めるところにより、情報照会者等の使用に係る電子計算機から電気通信回線を通じて機構の

項第三号、第三十条の十一第一項第三号、第三十条の十二第一項第三号、第三十条の十三、第三十条の十四、第三十条の十五第二項、第三十条の二十第一項、第三十条の三十五又は第三十四条第一項若しくは第二項の規定とする。

（情報照会者等による通知事項の通知の方法）

第四十条　令第二十条第三項第一号及び第二号の規定による通知は、電子計算機の操作によるものとし、電気通信回

使用に係る電子計算機に通知事項を送信する方法

二　総務省令で定めるところにより、情報照会者等から通知事項を記録した電磁的記録媒体（電子的方式、磁気的方式その他人の知覚によっては認識することができない方式で作られる記録であって電子計算機による情報処理の用に供されるものに係る記録媒体をいう。第三十条において同じ。）を機構に送付する方法

4　機構は、情報照会者等から第二項の規定による通知を受けたときは、総務大臣に対し、同項の特定の個人に係る住民票に記載された住民票コードを通知するものとする。

5　前項の規定による通知は、総務省令で定めるところにより、機構の使用に係る電子計算機から電気通信回線を通じて総務大臣の使用に係る電子計算機に送信する方法により行うものとする。

6　総務大臣は、第四項の規定による通知を受けたときは、総務省令で定めるところにより、情報提供ネットワークシステムを使用して、次に掲げる要件

線を通じた送信又は電磁的記録媒体の送付の方法に関する技術的基準については、総務大臣が定める。

（機構による住民票コードの通知の方法）

第四十一条　令第二十条第五項の規定による通知は、電子計算機の操作によるものとし、電気通信回線を通じた送信の方法に関する技術的基準については、総務大臣が定める。

（住民票コードの通知を受けた場合の総務大臣の措置）

第四十二条　総務大臣は、令第二十条第四項の規定により住民票コードの通知

に該当する情報提供用個人識別符号を生成し、速やかに、同項の情報照会者等に対し、通知するものとする。

一　第四項の住民票コードを変換して得られるものであること。

二　前号の住民票コードを復元することのできる規則性を備えるものでないこと。

三　当該情報照会者等が取得した他のいずれの情報提供用個人識別符号とも異なること。

四　第二項の特定の個人について他のいずれの情報照会者等が取得した情報提供用個人識別符号とも異なること。

7　前項の規定による通知は、総務省令で定めるところにより、総務大臣の使用に係る電子計算機から情報提供ネットワークシステムを使用して情報照会者等の使用に係る電子計算機に送信する方法により行うものとする。

を受けた場合において、同条第二項の規定による通知をした情報照会者等が同項の特定の個人に係る情報提供用個人識別符号を取得していないときは、情報提供ネットワークシステムを使用して、当該特定の個人に係る情報提供用個人識別符号を生成し、速やかに、当該情報照会者等に対し、通知するものとする。

2　総務大臣は、令第二十条第四項の規定により住民票コードの通知を受けた場合において、同条第二項の規定による通知をした情報照会者等が同項の特定の個人に係る情報提供用個人識別符号を取得しているときは、情報提供ネットワークシステムを使用して、速やかに、当該情報照会者等に対し、既に当該情報提供用個人識別符号を取得している旨を通知するものとする。

（総務大臣による情報提供用個人識別符号の通知の方法）

第四十三条　令第二十条第七項の規定による通知は、電子計算機の操作によるものとし、情報提供ネットワークシステムを使用した送信の方法に関する技術的基準については、総務大臣が定める。

八　国税庁長官が都道府県知事若しくは市町村長に又は都道府県知事若しくは市町村長が国税庁長官若しくは他の都道府県知事若しくは市町村長

（特定個人情報を提供することができる地方税法等の規定）
第二十二条　法第十九条第八号の政令で定める地方税法（昭和二十五年法律第

（情報照会者による特定個人情報の提供の求め）
第二十一条　情報照会者による法第十九条第七号の規定による特定個人情報の提供の求めは、総務省令で定めるところにより、情報照会者の使用に係る電子計算機から情報提供ネットワークシステムを使用して総務大臣の使用に係る電子計算機に、当該特定個人情報に係る本人に係る情報提供用個人識別符号、当該特定個人情報の項目及び当該特定個人情報を保有する情報提供者の名称その他総務省令で定める事項を送信する方法により行うものとする。

（特定個人情報を提供することができる地方税法の規定）
第十九条　令第二十二条の主務省令で定める地方税法（昭和二十五年法律第二

（情報照会者による特定個人情報の提供の求めの方法等）
第四十四条　令第二十一条の規定による特定個人情報の提供の求めは、電子計算機の操作によるものとし、情報提供ネットワークシステムを使用した送信の方法に関する技術的基準については、総務大臣が定める。

2　令第二十一条の総務省令で定める事項は、次に掲げる事項とする。

一　法第十九条第七号の規定による提供の求めをした情報照会者の名称

二　法第十九条第七号の規定による提供の求めに係る事務をつかさどる組織の名称

三　第一号の情報照会者の処理する事務

四　法第十九条第七号の規定による提供の求めの事実が法第二十三条第二項各号のいずれかに該当する場合はその旨

五　前各号に掲げるもののほか、総務大臣が定める事項に、地方税法第四十六条第四項若しくは第五項、第四十八条第七項、第七十二条の五十八、第三百十七条又は第三百二十五条の規定**その他政令で定める同法又は国税**（国税通則法（昭和三十七年法律第六十六号）第二条第一号に規定する国税をいう。以下同じ。）**に関する法律の規定**により国税又は地方税に関する特定個人情報を提供する場合において、当該特定個人情報の安全を確保するために必要な措置として**政令で定める措置**を講じているとき。

二百二十六号）又は国税に関する法律の規定は、同法第四十八条第二項、第七十二条の五十九又は第二百九十四条第三項の規定その他**主務省令で定める同法の規定**とする。

百二十六号）の規定は、同法第八条第一項若しくは第二項（同法第八条の二第三項（同法第八条の三第二項において準用する場合を含む。）において準用する場合を含む。）、第八条の二第一項若しくは第二項、第八条の三第一項若しくは第三項、第十九条の六、第二十条の三第一項、第二十条の四第一項、第四十一条第三項、第四十六条第一項から第三項まで、第四十八条第三項若しくは第五項、同条第八項において準用する同条第二項、第三項、第五項若しくは第七項、第五十三条第四十項若しくは第四十一項、第五十五条の三、第五十五条の五、第五十八条第四項若しくは第六項、第六十三条、第七十二条の二十五第二項（同条第六項（同法第七十二条の二十八第二項又は第七十二条の二十九第二項において準用する場合を含む。）、同法第七十二条の二十八第二項又は第七十二条の二十九第二項において準用する場合を含む。）、第四項（同法第七十二条の二十五第七項（同法第七十二条の二十八第二項又は第七十二条の二十九第二項において準用する場合を含む。）、第七十二条の二十八第二項又は第七十二条の二十九第二項において準用する場合を含む。）若しくは第五項（同法第七十二条の二

十八第二項又は第七十二条の二十九第二項において準用する場合を含む。)、第七十二条の三十九の三、第七十二条の三十九の五、第七十二条の四十、第七十二条の四十八の二第二項、第四項、第六項、第八項若しくは第十二項、第七十二条の四十九の二、第七十二条の五十四第三項、第七十二条の九十四、第七十三条の十八第三項、第七十三条の二十一第三項若しくは第四項、第七十三条の二十二、第七十三条の二十三、第七十四条の十九、第百四十四条の八第四項、第百四十四条の九第二項若しくは第九項、第百四十四条の三十四第四項、第百四十四条の三十五第四項、第三百二十一条の十四第四項若しくは第六項、第三百二十一条の十五第一項若しくは第三項、第三百四十九条の四第六項若しくは第七項、第三百五十四条の二(同法第七百四十五条第一項において読み替えて準用する場合を含む。)、第三百八十九条第一項若しくは第四項(同法第四百十七条第三項において準用する場合を含む。)、第三百九十九条(同法第四百十七条第四項において準用する場合を含む。)、第四百一条第四号若しくは第五号、第四百十七条第二項、第四百十九条第一項、第四百二十

（地方税法等の規定により提供される特定個人情報の安全を確保するために必要な措置）

第二十三条　法第十九条第八号の政令で定める措置は、次に掲げる措置とする。

一　特定個人情報の提供を受ける者の名称、特定個人情報の提供の日時及び提供する特定個人情報の項目その他主務省令で定める事項を記録し、並びに当該記録を第二十九条に規定する期間保存すること。

二　提供する特定個人情報が漏えいした場合において、その旨及びその理由を遅滞なく個人情報保護委員会に報告するために必要な体制を整備するとともに、提供を受ける者が同様の体制を整備していることを確認すること。

三　前二号に掲げるもののほか、特定個人情報の安全を確保するために必要な措置として**主務省令で定める措置**

一条、第四百七十九条、第六百五条、第七百一条の五十五、第七百四十二条、第七百四十三条第一項若しくは第二項又は第七百四十四条の規定とする。

（地方税法等の規定により提供される特定個人情報の安全を確保するために必要な措置）

第二十条　令第二十三条第三号の主務省令で定める措置は、次に掲げる措置とする。

一　令第二十三条第一号に規定する記録に係る特定の個人を識別すること。

二　特定個人情報の提供を受ける者に対し、特定個人情報を提供する者の名称、特定個人情報の提供の日時及び提供を受ける特定個人情報の項目を記録し、当該記録に係る特定の個人を識別するとともに、当該記録を令第二十九条に規定する期間保存するよう求めること。

三　国税庁長官又は都道府県知事若しくは市町村長の使用に係る電子計算機を相互に電気通信回線で接続した電子情報処理組織を使用して特定個人情報を提供する場合には、情報通信の技術の利用における安全性及び信頼性を確保するために必要な基準

九　地方公共団体の機関が、条例で定めるところにより、当該地方公共団体の他の機関に、その事務を処理するために必要な限度で特定個人情報を提供するとき。

十　社債、株式等の振替に関する法律（平成十三年法律第七十五号）第二条第五項に規定する振替機関等（以下この号において単に「振替機関等」という。）が同条第一項に規定する社債等（以下この号において単に「社債等」という。）の発行者（**これに準ずる者として政令で定めるもの**を含む。）又は他の振替機関等に対し、これらの者の使用に係る電子計算機を相互に電気通信回線で接続した電子情報処理組織であって、社債等の振替を行うための口座が記録されるものを利用して、同法又は同法に基づく命令の規定により、社債等の振替を行うための口座の開設を受ける者が第九条第三項に規定する書面（所得税法第二百二十五条第一項（第一号、第二号、第八号又は第十号から第十二号までに係る部分に限る。）の規定により税務署長に

（社債等の発行者に準ずる者）

第二十四条　法第十九条第十号の政令で定める者は、次に掲げる者とする。

一　投資信託及び投資法人に関する法律（昭和二十六年法律第百九十八号）第二条第一項に規定する委託者指図型投資信託の受託者又は同法第百六十六条第二項第八号に規定する投資主名簿等管理人

二　協同組織金融機関の優先出資に関する法律（平成五年法律第四十四号）第二十五条第二項に規定する優先出資者名簿管理人

三　資産の流動化に関する法律（平成十年法律第百五号）第四十二条第一項第三号に規定する優先出資社員名簿管理人

四　会社法（平成十七年法律第八十六号）第百二十三条に規定する株主名簿管理人又は同法第六百八十三条に規定する社債原簿管理人

として内閣総理大臣が定める基準に従って行うこと。

四　前三号に掲げるもののほか、特定個人情報の安全を確保するために必要な措置として内閣総理大臣が定める措置

提出されるものに限る。）に記載されるべき個人番号として当該口座を開設する振替機関等に告知した個人番号を含む特定個人情報を提供する場合において、当該特定個人情報の安全を確保するために必要な措置として**政令で定める措置**を講じているとき。

十一　第三十八条第一項の規定により求められた特定個人情報を個人情報保護委員会（以下「委員会」という。）に提供するとき。

五　信託法（平成十八年法律第百八号）第百八十八条に規定する受益権原簿管理人

（社債、株式等の振替に関する法律の規定により提供される特定個人情報の安全を確保するために必要な措置）

第二十五条　法第十九条第十号の政令で定める措置は、次に掲げる措置とする。

一　特定個人情報を提供する者の使用に係る電子計算機に特定個人情報の提供を受ける者の名称、特定個人情報の提供の日時及び提供する特定個人情報の項目その他**主務省令で定める事項**を記録し、並びに当該記録を第二十九条に規定する期間保存すること。

二　提供する特定個人情報が漏えいした場合において、その旨及びその理由を遅滞なく個人情報保護委員会に報告するために必要な体制を整備するとともに、提供を受ける者が同様の体制を整備していることを確認すること。

三　前二号に掲げるもののほか、特定個人情報の安全を確保するために必要な措置として**主務省令で定める措置**

（社債、株式等の振替に関する法律の規定により提供される特定個人情報の安全を確保するために必要な措置）

第二十一条　令第二十五条第三号の主務省令で定める措置は、次に掲げる措置とする。

一　令第二十五条第一号に規定する記録に係る特定の個人を識別すること。

二　特定個人情報の提供を受ける者に対し、その使用に係る電子計算機に特定個人情報を提供する者の名称、特定個人情報の提供の日時及び提供を受ける特定個人情報の項目を記録し、当該記録に係る特定の個人を識別するとともに、当該記録を令第二十九条に規定する期間保存するよう求めること。

三　情報通信の技術の利用における安全性及び信頼性を確保するために必要な基準として内閣総理大臣が定める基準に従って特定個人情報を提供すること。

十二　各議院若しくは各議院の委員会若しくは参議院の調査会が国会法（昭和二十二年法律第七十九号）第百四条第一項（同法第五十四条の四第一項において準用する場合を含む。）若しくは議院における証人の宣誓及び証言等に関する法律（昭和二十二年法律第二百二十五号）第一条の規定により行う審査若しくは調査、訴訟手続その他の裁判所における手続、裁判の執行、刑事事件の捜査、租税に関する法律の規定に基づく犯則事件の調査又は会計検査院の検査（第三十九条において「各議院審査等」という。）が行われるとき、その他**政令で定める**公益上の必要があるとき。

十三　人の生命、身体又は財産の保護のために必要がある場合において、本人の同意があり、又は本人の同意を得ることが困難であるとき。

十四　その他これらに準ずるものとして個人情報保護委員会規則で定めるとき。

（公益上の必要がある場合）

第二十六条　法第十九条第十二号の政令で定める公益上の必要があるときは、別表に掲げる場合とする。

（収集等の制限）

第二十条　何人も、前条各号のいずれかに該当する場合を除き、特定個人情報（他人の個人番号を含むものに限る。）を収集し、又は保管してはならない。

第二節　情報提供ネットワークシステムによる特定個人情報の提供

（情報提供ネットワークシステム）

第二十一条　総務大臣は、委員会と協議して、情報提供ネットワークシステムを設置し、及び管理するものとする。

2　総務大臣は、情報照会者から第十九条第七号の規定により特定個人情報の提供の求めがあったときは、次に掲げる場合を除き、政令で定めるところにより、情報提供ネットワークシステムを使用して、情報提供者に対して特定個人情報の提供の求めがあった旨を通知しなければならない。

一　情報照会者、情報提供者、情報照会者の処理する事務又は当該事務を処理するために必要な特定個人情報の項目が別表第二に掲げるものに該当しないとき。

二　当該特定個人情報が記録されるこ

第二節　情報提供ネットワークシステムによる特定個人情報の提供

（特定個人情報の提供の求めがあった場合の総務大臣の措置）

第二十七条　総務大臣は、法第十九条第七号の規定により特定個人情報の提供の求めがあった場合において、当該提供の求めに係る情報提供者が当該特定個人情報に係る本人に係る情報提供用個人識別符号を取得しているときは、法第二十一条第二項各号に掲げる場合を除き、当該情報提供者に対し、当該情報提供用個人識別符号、当該特定個人情報の項目及び当該提供の求めをした情報照会者の名称その他総務省令で定める事項を通知するものとする。

2　総務大臣は、法第十九条第七号の規定により特定個人情報の提供の求めがあった場合において、当該提供の求めに係る情報提供者が当該特定個人情報

第二節　情報提供ネットワークシステムによる特定個人情報の提供

（特定個人情報の提供の求めがあった場合の総務大臣の措置に係る通知の方法等）

第四十五条　令第二十七条第一項の総務省令で定める事項は、次に掲げる事項とする。

一　法第十九条第七号の規定による提供の求めがあった特定個人情報を保有する情報提供者の名称

二　法第十九条第七号の規定による提供の求めの日時

三　前条第二項第二号から第四号までに掲げる事項

四　法第二十一条第二項の規定による提供の求めがあった旨の通知の有効期間

五　前各号に掲げるもののほか、総務大臣が定める事項

となる情報照会者の保有する特定個人情報ファイル又は当該特定個人情報が記録されている情報提供者の保有する特定個人情報ファイルについて、第二十七条（第三項及び第五項を除く。）の規定に違反する事実があったと認めるとき。

に係る本人に係る情報提供用個人識別符号を取得していないときは、法第二十一条第二項各号に掲げる場合を除き、当該提供の求めをした情報照会者に対し、当該情報提供者が当該特定個人情報に係る本人に係る情報提供用個人識別符号を取得していない旨を通知するものとする。

3　前項の規定による通知を受けた情報照会者は、同項の情報提供者に対し、同項の特定個人情報に係る本人に係る情報提供用個人識別符号を取得するよう求めることができる。この場合において、当該情報照会者は、当該情報提供者に対し、当該特定個人情報に係る本人の氏名、出生の年月日、男女の別及び住所を通知するものとする。

4　総務大臣は、法第十九条第七号の規定により特定個人情報の提供の求めがあった場合において、法第二十一条第二項各号のいずれかに該当するときは、当該提供の求めをした情報照会者に対し、その旨を通知するものとする。

5　第一項、第二項及び前項の規定による通知は、総務省令で定めるところにより、総務大臣の使用に係る電子計算機から情報提供ネットワークシステムを使用して第一項の情報提供者又は第

2　令第二十七条第五項の規定による通知は、電子計算機の操作によるものとし、情報提供ネットワークシステムを使用した送信の方法に関する技術的基準については、総務大臣が定める。

3　情報提供者が法第二十一条第二項の規定による提供の求めがあった旨の通知を受けた場合において、当該通知の有効期間内に当該情報提供者による法第二十二条第一項の規定による特定個人情報の提供が行われることなく当該期間を経過したときは、当該期間を経過した日に法第二十一条第二項の規定による提供の求めがあった旨の通知は、その効力を失う。

（特定個人情報の提供）

第二十二条　情報提供者は、第十九条第七号の規定により特定個人情報の提供を求められた場合において、当該提供の求めについて前条第二項の規定による総務大臣からの通知を受けたときは、**政令で定めるところにより、**情報照会者に対し、当該特定個人情報を提供しなければならない。

2　前項の規定による特定個人情報の提供があった場合において、他の法令の

二項若しくは前項の情報照会者の使用に係る電子計算機に送信する方法により行うものとする。

6　総務大臣は、第二十条第六項の規定による情報提供用個人識別符号の生成並びに第一項及び第二項の規定による通知に関する事務を適切に処理するため、一の情報提供用個人識別符号により識別される特定の個人と他の情報提供用個人識別符号により識別される特定の個人とが同一の者であるかどうかを確認することができるように、それぞれの情報提供用個人識別符号及び同条第六項の規定による通知先を情報提供ネットワークシステムに記録して、これを管理するものとする。

（情報提供者による特定個人情報の提供）

第二十八条　情報提供者による法第二十二条第一項の規定による特定個人情報の提供は、総務省令で定めるところにより、情報提供者の使用に係る電子計算機から情報提供ネットワークシステムを使用して情報照会者の使用に係る電子計算機に、当該特定個人情報その他総務省令で定める事項を送信する方法により行うものとする。

（情報提供者による特定個人情報の提供の方法等）

第四十六条　令第二十八条の規定による特定個人情報の提供は、電子計算機の操作によるものとし、情報提供ネットワークシステムを使用した送信の方法に関する技術的基準については、総務大臣が定める。

2　法第二十一条第二項の規定による提供の求めがあった旨の通知を受けた情報提供者は、当該通知の有効期間内に、

規定により当該特定個人情報と同一の内容の情報を含む書面の提出が義務付けられているときは、当該書面の提出があったものとみなす。

（情報提供等の記録）

第二十三条　情報照会者及び情報提供者は、第十九条第七号の規定により特定個人情報の提供の求め又は提供があったときは、次に掲げる事項を情報提供ネットワークシステムに接続されたその者の使用する電子計算機に記録し、当該記録を**政令で定める**期間保存しなければならない。

一　情報照会者及び情報提供者の名称

二　提供の求めの日時及び提供があったときはその日時

三　特定個人情報の項目

四　前三号に掲げるもののほか、総務省令で定める事項

2　前項に規定する事項のほか、情報照

（情報提供等の記録の保存期間）

第二十九条　法第二十三条第一項の政令で定める期間は、七年とする。

速やかに、情報照会者に対し、法第二十二条第一項の規定による特定個人情報の提供をするものとする。

3　令第二十八条の総務省令で定める事項は、次に掲げる事項とする。

一　法第二十二条第一項の規定による提供の事実が法第二十三条第二項各号のいずれかに該当する場合はその旨

二　前号に掲げるもののほか、総務大臣が定める事項

（情報提供等の記録等）

第四十七条　法第二十三条第一項第四号の総務省令で定める事項は、次に掲げ

会者及び情報提供者は、当該特定個人情報の提供の求め又は提供の事実が次の各号のいずれかに該当する場合には、その旨を情報提供ネットワークシステムに接続されたその者の使用する電子計算機に記録し、当該記録を同項に規定する期間保存しなければならない。

一　第三十条第一項の規定により読み替えて適用する行政機関個人情報保護法第十四条に規定する不開示情報に該当すると認めるとき。

二　条例で定めるところにより地方公共団体又は地方独立行政法人が開示する義務を負わない個人情報に該当すると認めるとき。

三　第三十条第三項の規定により読み替えて適用する独立行政法人等個人情報保護法第十四条に規定する不開示情報に該当すると認めるとき。

四　第三十条第四項の規定により読み替えて準用する独立行政法人等個人情報保護法第十四条に規定する不開示情報に該当すると認めるとき。

3　総務大臣は、第十九条第七号の規定により特定個人情報の提供の求め又は提供があったときは、前二項に規定する事項を情報提供ネットワークシステムに記録し、当該記録を第一項に規定

る事項とする。

一　第四十四条第二項第二号及び第三号に掲げる事項

二　法第十九条第七号の規定による提供の求めが法第二十一条第二項各号に掲げる場合に該当する場合はその旨

三　前各号に掲げるもののほか、総務大臣が定める事項

2　情報照会者及び情報提供者は、法第二十三条第一項及び第二項に規定する記録について、法第二条第八項に規定する個人番号を用いて、当該記録に係る特定の個人を識別するものとする。

3　総務大臣は、法第二十三条第三項に規定する記録について、当該記録を管理するために個人番号に代わって用いられる特定の個人を識別する符号を用いて、当該記録に係る特定の個人を識別するものとする。

する期間保存しなければならない。

（秘密の管理）

第二十四条　総務大臣並びに情報照会者及び情報提供者は、情報提供等事務（第十九条第七号の規定による特定個人情報の提供の求め又は提供に関する事務をいう。以下この条及び次条において同じ。）に関する秘密について、その漏えいの防止その他の適切な管理のために、情報提供ネットワークシステム並びに情報照会者及び情報提供者が情報提供等事務に使用する電子計算機の安全性及び信頼性を確保することその他の必要な措置を講じなければならない。

（秘密保持義務）

第二十五条　情報提供等事務又は情報提供ネットワークシステムの運営に関する事務に従事する者又は従事していた者は、その業務に関して知り得た当該事務に関する秘密を漏らし、又は盗用してはならない。

第五章　特定個人情報の保護

第五章　特定個人情報の保護

第一節　特定個人情報保護評価等

（特定個人情報ファイルを保有しようとする者に対する指針）

第二十六条　委員会は、特定個人情報の適正な取扱いを確保するため、特定個人情報ファイルを保有しようとする者が、特定個人情報保護評価（特定個人情報の漏えいその他の事態の発生の危険性及び影響に関する評価をいう。）を自ら実施し、これらの事態の発生を抑止することその他特定個人情報を適切に管理するために講ずべき措置を定めた指針（次項及び次条第三項において単に「指針」という。）を作成し、公表するものとする。

2　委員会は、個人情報の保護に関する技術の進歩及び国際的動向を踏まえ、少なくとも三年ごとに指針について再検討を加え、必要があると認めるときは、これを変更するものとする。

（特定個人情報保護評価）

第二十七条　行政機関の長等は、特定個人情報ファイル（専ら当該行政機関の長等の職員又は職員であった者の人事、給与又は福利厚生に関する事項を記録するものその他の個人情報保護委員会規則で定めるものを除く。以下この条において同じ。）を保有しようとするときは、当該特定個人情報ファイルを保有する前に、個人情報保護委員会規則で定めるところにより、次に掲げる事項を評価した結果を記載した書面（以下この条において「評価書」という。）を公示し、広く国民の意見を求めるものとする。当該特定個人情報ファイルについて、個人情報保護委員会規則で定める重要な変更を加えようとするときも、同様とする。

一　特定個人情報ファイルを取り扱う事務に従事する者の数
二　特定個人情報ファイルに記録されることとなる特定個人情報の量
三　行政機関の長等における過去の個人情報ファイルの取扱いの状況
四　特定個人情報ファイルを取り扱う事務の概要
五　特定個人情報ファイルを取り扱うために使用する電子情報処理組織の仕組み及び電子計算機処理等（電子計算機処理（電子計算機を使用して行われる情報の入力、蓄積、編集、加工、修正、更新、検索、消去、出力又はこれらに類する処理をいう。）

（電子計算機処理に伴う措置）
第三十条　法第二十七条第一項第五号の政令で定める措置は、情報の入力のための準備作業又は電磁的記録媒体の保管とする。

その他これに伴う政令で定める措置をいう。）の方式

六　特定個人情報ファイルに記録された特定個人情報を保護するための措置

七　前各号に掲げるもののほか、個人情報保護委員会規則で定める事項

2　前項前段の場合において、行政機関の長等は、個人情報保護委員会規則で定めるところにより、同項前段の規定により得られた意見を十分考慮した上で評価書に必要な見直しを行った後に、当該評価書に記載された特定個人情報ファイルの取扱いについて委員会の承認を受けるものとする。当該特定個人情報ファイルについて、個人情報保護委員会規則で定める重要な変更を加えようとするときも、同様とする。

3　委員会は、評価書の内容、第三十八条第一項の規定により得た情報その他の情報から判断して、当該評価書に記載された特定個人情報ファイルの取扱いが指針に適合していると認められる場合でなければ、前項の承認をしてはならない。

4　行政機関の長等は、第二項の規定により評価書について承認を受けたときは、速やかに当該評価書を公表するも

のとする。

5　前項の規定により評価書が公表されたときは、第二十九条第一項の規定により読み替えて適用する行政機関個人情報保護法第十条第一項の規定による通知があったものとみなす。

6　行政機関の長等は、評価書の公表を行っていない特定個人情報ファイルに記録された情報を第十九条第七号の規定により提供し、又は当該特定個人情報ファイルに記録されることとなる情報の提供を同号の規定により求めてはならない。

（特定個人情報ファイルの作成の制限）

第二十八条　個人番号利用事務等に従事する者は、第十九条第十一号から第十四号までのいずれかに該当して特定個人情報を提供し、又はその提供を受けることができる場合を除き、個人番号利用事務等を処理するために必要な範囲を超えて特定個人情報ファイルを作成してはならない。

（研修の実施）

第二十八条の二　行政機関の長等は、特定個人情報ファイルを保有し、又は保

（研修の実施方法）

第三十条の二　法第二十八条の二の規定による研修の実施は、次に掲げるところ

有しようとするときは、特定個人情報ファイルを取り扱う事務に従事する者に対して、政令で定めるところにより、特定個人情報の適正な取扱いを確保するために必要なサイバーセキュリティ（サイバーセキュリティ基本法（平成二十六年法律第百四号）第二条に規定するサイバーセキュリティをいう。第三十五条の二において同じ。）の確保に関する事項その他の事項に関する研修を行うものとする。

（委員会による検査等）

第二十八条の三　特定個人情報ファイルを保有する行政機関、独立行政法人等及び機構は、個人情報保護委員会規則で定めるところにより、定期的に、当該特定個人情報ファイルに記録された特定個人情報の取扱いの状況について委員会による検査を受けるものとする。

2　特定個人情報ファイルを保有する地方公共団体及び地方独立行政法人は、個人情報保護委員会規則で定めるところにより、定期的に、委員会に対して当該特定個人情報ファイルに記録された特定個人情報の取扱いの状況について報告するものとする。

ろによるものとする。

一　研修の計画をあらかじめ策定し、これに沿ったものとすること。

二　研修の内容は、特定個人情報の適正な取扱いを確保するために必要なサイバーセキュリティの確保に関する事項として、情報システムに対する不正な活動その他のサイバーセキュリティに対する脅威及び当該脅威による被害の発生又は拡大を防止するため必要な措置に関するものを含むものとすること。

三　特定個人情報ファイルを取り扱う事務に従事する者の全てに対して、おおむね一年ごとに研修を受けさせるものとすること。

（特定個人情報の漏えい等に関する報告）

第二十八条の四　個人番号利用事務等実施者は、個人情報保護委員会規則で定めるところにより、特定個人情報ファイルに記録された特定個人情報の漏えいその他の特定個人情報の安全の確保に係る重大な事態が生じたときは、委員会に報告するものとする。

第二節　行政機関個人情報保護法等の特例等

（行政機関個人情報保護法等の特例）

第二十九条　行政機関が保有し、又は保有しようとする特定個人情報（第二十三条に規定する記録に記録されたものを除く。）に関しては、行政機関個人情報保護法第八条第二項第二号から第四号まで及び第二十五条の規定は適用しないものとし、行政機関個人情報保護法の他の規定の適用については、次の表の上欄に掲げる行政機関個人情報保護法の規定中同表の中欄に掲げる字句は、同表の下欄に掲げる字句とする。

（略）	（略）	（略）

（行政機関個人情報保護法施行令等の特例等）

第三十一条　法第二十九条第一項又は第三十条第一項若しくは第二項の規定により行政機関の保有する個人情報の保護に関する法律（平成十五年法律第五十八号。以下「行政機関個人情報保護法」という。）第十条第一項の規定を読み替えて適用する場合における行政機関の保有する個人情報の保護に関する法律施行令（平成十五年政令第五百四十八号。次条において「行政機関個人情報保護法施行令」という。）第四条第二号の規定の適用については、同号中「総務大臣」とあるのは、「個人

第二十六条第二項	配慮しなければならない	配慮しなければならない。この場合において、行政機関の長は、経済的困難その他特別の理由があると認めるときは、**政令で定めるところにより**、当該手数料を減額し、又は免除することができる
（略）	（略）	（略）

2　独立行政法人等が保有する特定個人情報（第二十三条第一項及び第二項に規定する記録に記録されたものを除く。）に関しては、独立行政法人等個人情報保護法第九条第二項第二号から第四号まで及び第二十五条の規定は適用しないものとし、独立行政法人等個人情報保護法の他の規定の適用については、次の表の上欄に掲げる独立行政法人等個人情報保護法の規定中同表の

情報保護委員会」とする。

第三十二条　法第二十九条第一項又は第三十条第一項若しくは第二項の規定により行政機関個人情報保護法第十三条第二項の規定を読み替えて適用する場合における行政機関個人情報保護法施行令第十一条の規定の適用については、同条第三項中「法定代理人」とあるのは「代理人」と、「戸籍謄本」とあるのは「戸籍謄本、委任状」と、同条第四項中「法定代理人」とあるのは「代理人」とする。

2　法第二十九条第一項又は第三十条第一項若しくは第二項の規定により行政機関個人情報保護法第二十八条第二項の規定を読み替えて適用する場合における行政機関個人情報保護法施行令第二十条の規定の適用については、同条中「第十一条」とあるのは「行政手続における特定の個人を識別するための番号の利用等に関する法律施行令（平成二十六年政令第百五十五号）第三十二条第一項の規定により読み替えて適用する第十一条」と、「訂正請求及び利用停止請求」とあるのは「訂正請求」と、「訂正請求については「第二十七条第二項」と、利用停止請求につ

中欄に掲げる字句は、同表の下欄に掲げる字句とする。

（略）

3　個人情報保護法第二条第三項に規定する個人情報取扱事業者が保有する特定個人情報（第二十三条第一項及び第二項に規定する記録に記録されたものを除く。）に関しては、個人情報保護法第十六条第三項第三号及び第四号並びに第二十三条の規定は適用しないものとし、個人情報保護法の他の規定の適用については、次の表の上欄に掲げる個人情報保護法の規定中同表の中欄に掲げる字句は、同表の下欄に掲げる字句とする。

（略）

（情報提供等の記録についての特例）

第三十条　行政機関が保有し、又は保有しようとする第二十三条第一項及び第二項に規定する記録に記録された特定個人情報に関しては、行政機関個人情報保護法第八条第二項から第四項まで、第九条、第二十一条、第二十二条、第二十五条、第三十三条、第三十四条及び第四章第三節の規定は適用しないものとし、行政機関個人情報保護法の他

いては「第三十六条第二項」とあるのは「第二十七条第二項」とする。

3　法第二十九条第一項の規定により行政機関個人情報保護法第三十七条第二項の規定を読み替えて適用する場合における行政機関個人情報保護法施行令第二十条の規定の適用については、同条中「第十一条」とあるのは「行政手続における特定の個人を識別するための番号の利用等に関する法律施行令（平成二十六年政令第百五十五号）第三十二条第一項の規定により読み替えて適用する第十一条」と、「訂正請求及び利用停止請求」とあるのは「利用停止請求」と、「訂正請求については「第二十七条第二項」と、利用停止請求については「第三十六条第二項」とあるのは「第三十六条第二項」とする。

4　法第二十九条第二項又は第三十条第三項の規定により独立行政法人等の保有する個人情報の保護に関する法律（平成十五年法律第五十九号。以下「独立行政法人等個人情報保護法」という。）第十三条第二項の規定を読み替えて適用する場合における独立行政法人等の保有する個人情報の保護に関する法律施行令（平成十五年政令第五百四十九号。以下この条において「独

の規定の適用については、次の表の上欄に掲げる行政機関個人情報保護法の規定中同表の中欄に掲げる字句は、同表の下欄に掲げる字句とする。

（略）	（略）	（略）
第二十六条第二項	配慮しなければならない	配慮しなければならない。この場合において、行政機関の長は、経済的困難その他特別の理由があると認めるときは、**政令で定めるところにより、**当該手数料を減額し、又は免除することができる
（略）	（略）	（略）

2　総務省が保有し、又は保有しようとする第二十三条第三項に規定する記録に記録された特定個人情報に関しては、立行政法人等個人情報保護法施行令」という。）第六条の規定の適用については、同条第三項中「法定代理人」とあるのは「代理人」と、「戸籍謄本」とあるのは「戸籍謄本、委任状」と、同条第四項中「法定代理人」とあるのは「代理人」とする。

5　法第二十九条第二項又は第三十条第三項の規定により独立行政法人等個人情報保護法第二十八条第二項の規定を読み替えて適用する場合における独立行政法人等個人情報保護法施行令第十四条の規定の適用については、同条中「第六条」とあるのは「行政手続における特定の個人を識別するための番号の利用等に関する法律施行令（平成二十六年政令第百五十五号）第三十二条第四項の規定により読み替えて適用する第六条」と、「訂正請求及び利用停止請求」とあるのは「訂正請求」と、「訂正請求については「第二十七条第二項」と、利用停止請求については「第三十六条第二項」とあるのは「「第二十七条第二項」とする。

6　法第二十九条第二項の規定により独立行政法人等個人情報保護法第三十七条第二項の規定を読み替えて適用する

行政機関個人情報保護法第八条第二項から第四項まで、第九条、第二十一条、第二十二条、第二十五条、第三十三条、第三十四条及び第四章第三節の規定は適用しないものとし、行政機関個人情報保護法の他の規定の適用については、次の表の上欄に掲げる行政機関個人情報保護法の規定中同表の中欄に掲げる字句は、同表の下欄に掲げる字句とする。

（略）	（略）	（略）
第二十六条第二項	配慮しなければならない	配慮しなければならない。この場合において、行政機関の長は、経済的困難その他特別の理由があると認めるときは、**政令で定めるところにより**、当該手数料を減額し、又は免除することができる

場合における独立行政法人等個人情報保護法施行令第十四条の規定の適用については、同条中「第六条」とあるのは「行政手続における特定の個人を識別するための番号の利用等に関する法律施行令（平成二十六年政令第百五十五号）第三十二条第四項の規定により読み替えて適用する第六条」と、「訂正請求及び利用停止請求」とあるのは「利用停止請求」と、「訂正請求については「第二十七条第二項」と、利用停止請求については「第三十六条第二項」とあるのは「「第三十六条第二項」とする。

7　法第三十条第四項において準用する独立行政法人等個人情報保護法第十三条第二項の規定による開示請求の手続については、独立行政法人等個人情報保護法施行令第六条の規定を準用する。この場合において、同条第三項中「法定代理人」とあるのは「代理人」と、「戸籍謄本」とあるのは「戸籍謄本、委任状」と、同条第四項中「法定代理人」とあるのは「代理人」と読み替えるものとする。

8　法第三十条第四項において準用する独立行政法人等個人情報保護法第二十八条第二項の規定による訂正請求の手

（略）

（略）

（略）

3　独立行政法人等が保有する第二十三条第一項及び第二項に規定する記録に記録された特定個人情報に関しては、独立行政法人等個人情報保護法第九条第二項から第四項まで、第十条、第二十一条、第二十二条、第二十五条、第三十三条、第三十四条及び第四章第三節の規定は適用しないものとし、独立行政法人等個人情報保護法の他の規定の適用については、次の表の上欄に掲げる独立行政法人等個人情報保護法の規定中同表の中欄に掲げる字句は、同表の下欄に掲げる字句とする。

（略）

4　独立行政法人等個人情報保護法第三条、第五条から第九条第一項まで、第十二条から第二十条まで、第二十三条、第二十四条、第二十六条から第三十二条まで、第三十五条及び第四十六条第一項の規定は、行政機関、地方公共団体、独立行政法人等及び地方独立行政法人以外の者が保有する第二十三条第一項及び第二項に規定する記録に記録された特定個人情報について準用する。この場合において、次の表の上欄に掲げる独立行政法人等個人情報保護法の

続については、独立行政法人等個人情報保護法施行令第十四条の規定を準用する。この場合において、同条中「第六条」とあるのは「行政手続における特定の個人を識別するための番号の利用等に関する法律施行令第三十二条第七項において準用する第六条」と、「訂正請求及び利用停止請求」とあるのは「訂正請求」と、「訂正請求については「第二十七条第二項」と、利用停止請求については「第三十六条第二項」とあるのは『「第二十七条第二項」』と読み替えるものとする。

（特定個人情報の開示の請求に係る手数料の免除）

第三十三条　行政機関の長（行政機関個人情報保護法第四十六条の規定により委任を受けた職員があるときは、当該職員。次項において同じ。）は、法第二十九条第一項又は第三十条第一項若しくは第二項の規定により読み替えて適用する行政機関個人情報保護法第十二条の規定により特定個人情報の開示の請求を受けた場合において、当該特定個人情報に係る本人が、経済的困難により行政機関個人情報保護法第二十六条第一項の手数料を納付する資力が

規定中同表の中欄に掲げる字句は、同表の下欄に掲げる字句に読み替えるものとする。

（略）

（地方公共団体等が保有する特定個人情報の保護）

第三十一条　地方公共団体は、行政機関個人情報保護法、独立行政法人等個人情報保護法、個人情報保護法及びこの法律の規定により行政機関の長、独立行政法人等及び個人番号取扱事業者（特定個人情報ファイルを事業の用に供している個人番号利用事務等実施者であって、国の機関、地方公共団体の機関、独立行政法人等及び地方独立行

ないと認めるときは、当該手数料を免除することができる。

2　前項の規定による手数料の免除を受けようとする者は、行政機関個人情報保護法第十三条第一項の規定による書面の提出を行う際に、併せて当該免除を求める理由を記載した申請書を行政機関の長に提出しなければならない。

3　前項の申請書には、第一項の特定個人情報に係る本人が生活保護法第十一条第一項各号に掲げる扶助を受けていることを理由とする場合にあっては当該扶助を受けていることを証明する書面を、その他の事実を理由とする場合にあっては当該事実を証明する書面を添付しなければならない。

政法人以外のものをいう。以下この節において同じ。）が講ずることとされている措置の趣旨を踏まえ、当該地方公共団体及びその設立に係る地方独立行政法人が保有する特定個人情報の適正な取扱いが確保され、並びに当該地方公共団体及びその設立に係る地方独立行政法人が保有する特定個人情報の開示、訂正、利用の停止、消去及び提供の停止（第二十三条第一項及び第二項に規定する記録に記録された特定個人情報にあっては、その開示及び訂正）を実施するために必要な措置を講ずるものとする。

（個人情報取扱事業者でない個人番号取扱事業者が保有する特定個人情報の保護）

第三十二条　個人番号取扱事業者（個人情報保護法第二条第三項に規定する個人情報取扱事業者を除く。以下この節において同じ。）は、人の生命、身体又は財産の保護のために必要がある場合において本人の同意があり又は本人の同意を得ることが困難であるとき、及び第九条第四項の規定に基づく場合を除き、個人番号利用事務等を処理するために必要な範囲を超えて、特定個人情報を取り扱ってはならない。

第三十三条　個人番号取扱事業者は、その取り扱う特定個人情報の漏えい、滅失又は毀損の防止その他の特定個人情報の安全管理のために必要かつ適切な措置を講じなければならない。

第三十四条　個人番号取扱事業者は、その従業者に特定個人情報を取り扱わせるに当たっては、当該特定個人情報の安全管理が図られるよう、当該従業者に対する必要かつ適切な監督を行わなければならない。

第三十五条　個人番号取扱事業者のうち次の各号に掲げる者については、その特定個人情報を取り扱う目的の全部又は一部がそれぞれ当該各号に定める目的であるときは、前三条の規定は、適用しない。

一　放送機関、新聞社、通信社その他の報道機関（報道（不特定かつ多数の者に対し客観的事実を事実として知らせることをいい、これに基づいて意見又は見解を述べることを含む。以下この号において同じ。）を業として行う個人を含む。）　報道の用に

供する目的
二　著述を業として行う者　著述の用に供する目的
三　大学その他の学術研究を目的とする機関若しくは団体又はそれらに属する者　学術研究の用に供する目的
四　宗教団体　宗教活動（これに付随する活動を含む。）の用に供する目的
五　政治団体　政治活動（これに付随する活動を含む。）の用に供する目的

2　前項各号に掲げる個人番号取扱事業者は、特定個人情報の安全管理のために必要かつ適切な措置、特定個人情報の取扱いに関する苦情の処理その他の特定個人情報の適正な取扱いを確保するために必要な措置を自ら講じ、かつ、当該措置の内容を公表するよう努めなければならない。

（特定個人情報の保護を図るための連携協力）

第三十五条の二　委員会は、特定個人情報の保護を図るため、サイバーセキュリティの確保に関する事務を処理するために内閣官房に置かれる組織と情報を共有すること等により相互に連携を

図りながら協力するものとする。

第六章　特定個人情報の取扱いに関する監督等

（指導及び助言）

第三十六条　委員会は、この法律の施行に必要な限度において、個人番号利用事務等実施者に対し、特定個人情報の取扱いに関し、必要な指導及び助言をすることができる。この場合において、特定個人情報の適正な取扱いを確保するために必要があると認めるときは、当該特定個人情報と共に管理されている特定個人情報以外の個人情報の取扱いに関し、併せて指導及び助言をすることができる。

（勧告及び命令）

第三十七条　委員会は、特定個人情報の取扱いに関して法令の規定に違反する行為が行われた場合において、特定個人情報の適正な取扱いの確保のために必要があると認めるときは、当該違反行為をした者に対し、期限を定めて、当該違反行為の中止その他違反を是正するために必要な措置をとるべき旨を勧告することができる。

第六章　特定個人情報の取扱いに関する監督等

2　委員会は、前項の規定による勧告を受けた者が、正当な理由がなくてその勧告に係る措置をとらなかったときは、その者に対し、期限を定めて、その勧告に係る措置をとるべきことを命ずることができる。

3　委員会は、前二項の規定にかかわらず、特定個人情報の取扱いに関して法令の規定に違反する行為が行われた場合において、個人の重大な権利利益を害する事実があるため緊急に措置をとる必要があると認めるときは、当該違反行為をした者に対し、期限を定めて、当該違反行為の中止その他違反を是正するために必要な措置をとるべき旨を命ずることができる。

（報告及び立入検査）

第三十八条　委員会は、この法律の施行に必要な限度において、特定個人情報を取り扱う者その他の関係者に対し、特定個人情報の取扱いに関し、必要な報告若しくは資料の提出を求め、又はその職員に、当該特定個人情報を取り扱う者その他の関係者の事務所その他必要な場所に立ち入らせ、特定個人情報の取扱いに関し質問させ、若しくは帳簿書類その他の物件を検査させることができる。

2　前項の規定により立入検査をする職員は、その身分を示す証明書を携帯し、関係人の請求があったときは、これを提示しなければならない。

3　第一項の規定による立入検査の権限は、犯罪捜査のために認められたものと解釈してはならない。

（適用除外）

第三十九条　前三条の規定は、各議院審査等が行われる場合又は第十九条第十二号の政令で定める場合のうち**各議院審査等に準ずるものとして政令で定める手続**が行われる場合における特定個人情報の提供及び提供を受け、又は取得した特定個人情報の取扱いについては、適用しない。

（各議院審査等に準ずる手続）

第三十四条　法第三十九条の政令で定める手続は、別表第一号、第二号（私的独占の禁止及び公正取引の確保に関する法律（昭和二十二年法律第五十四号）第百一条第一項に規定する犯則事件の調査に係る部分に限る。）、第三号、第四号（金融商品取引法（昭和二十三年法律第二十五号）第二百十条第一項（犯罪による収益の移転防止に関する法律（平成十九年法律第二十二号）第三十条において準用する場合を含む。）に規定する犯則事件の調査に係る部分に限る。）、第六号、第七号、第九号、第十一号、第十三号、第十六号、第十七号、第二十三号（犯罪による収益の移転防止に関する法律第八条第一項の規定による届出、同条第三項又は第四項の規定による通知、同法第十二条第

（措置の要求）

第四十条　委員会は、個人番号その他の特定個人情報の取扱いに利用される情報提供ネットワークシステムその他の情報システムの構築及び維持管理に関し、費用の節減その他の合理化及び効率化を図った上でその機能の安全性及び信頼性を確保するよう、総務大臣その他の関係行政機関の長に対し、必要な措置を実施するよう求めることができる。

2　委員会は、前項の規定により同項の措置の実施を求めたときは、同項の関係行政機関の長に対し、その措置の実施状況について報告を求めることができる。

（内閣総理大臣に対する意見の申出）

第四十一条　委員会は、内閣総理大臣に対し、その所掌事務の遂行を通じて得られた特定個人情報の保護に関する施

一項又は第十三条第一項の規定による提供及び同法第十二条第二項の規定による閲覧、謄写又は写しの送付の求めに係る部分に限る。）又は第二十四号に掲げる場合において行われる手続とする。

策の改善についての意見を述べることができる。

第七章　法人番号

(通知等)

第四十二条　国税庁長官は、**政令で定めるところにより**、法人等(国の機関、地方公共団体及び会社法(平成十七年法律第八十六号)その他の法令の規定により設立の登記をした法人並びにこれらの法人以外の法人又は法人でない社団若しくは財団で代表者若しくは管理人の定めがあるもの(以下この条において「人格のない社団等」という。)であって、所得税法第二百三十条、法人税法(昭和四十年法律第三十四号)第百四十八条、第百四十九条若しくは第百五十条又は消費税法(昭和六十三年法律第百八号)第五十七条の規定により届出書を提出することとされているものをいう。以下この項及び次項において同じ。)に対して、法人番号を指定し、これを当該法人等に通知するものとする。

第七章　法人番号

(法人番号の構成)

第三十五条　法人番号は、次項又は第三項の規定により定められた十二桁の番号(以下この条において「基礎番号」という。)及びその前に付された一桁の検査用数字(法人番号を電子計算機に入力するときに誤りのないことを確認することを目的として、基礎番号を基礎として**財務省令で定める算式**により算出される一から九までの整数をいう。)により構成されるものとする。

2　会社法その他の法令の規定により設立の登記をした法人(以下「設立登記法人」という。)の法人番号を構成する基礎番号は、その者の会社法人等番号(商業登記法(昭和三十八年法律第百二十五号)第七条(他の法令において準用する場合を含む。)に規定する会社法人等番号をいう。次項において同じ。)であって、その者の本店又は主たる事務所の所在地を管轄する登記所において作成される登記簿に記録されたものとする。

3　設立登記法人以外の者の法人番号を構成する基礎番号は、他のいずれの法人番号を構成する基礎番号及びいずれの会社法人等番号とも異なるものとなるように、**財務省令で定める方法**により国税庁長官が定めるものとする。

（国の機関に対する法人番号の指定の単位）

第三十六条　国の機関に対する法第四十二条第一項の規定による法人番号の指定は、次に掲げる機関を単位として行うものとする。

一　衆議院、参議院、裁判官弾劾裁判所、裁判官訴追委員会及び国立国会図書館

二　行政機関（検察庁にあっては、最高検察庁、高等検察庁及び地方検察庁）及び検察審査会

三　最高裁判所、高等裁判所（東京高等裁判所にあっては、東京高等裁判所及び知的財産高等裁判所）、地方裁判所、家庭裁判所及び簡易裁判所

（国の機関、地方公共団体及び設立登記法人以外の法人又は人格のない社団等に対する法人番号の指定）

第三十七条　国の機関、地方公共団体及

び設立登記法人以外の法人又は人格のない社団等（法第四十二条第一項に規定する人格のない社団等をいう。以下同じ。）であって、次の各号に掲げるもの（法人番号保有者を除く。）に対する同項の規定による法人番号の指定は、その者が当該各号に規定する届出書若しくは国税通則法（昭和三十七年法律第六十六号）第百二十四条第一項に規定する書類（第三十九条第一項第一号及び第三項において「申告書等」という。）を提出するに際して国税庁長官にした申告又は官公署が法第四十四条第二項の規定により国税庁長官に提供した資料により、その者の商号又は名称及び本店又は主たる事務所の所在地、その者について当該各号に定める事実が生じたこと並びにその者が法人番号保有者でないことが確認された後、速やかに行うものとする。

一　所得税法第二百三十条の規定により届出書を提出することとされている者　国内において給与等（同法第二十八条第一項に規定する給与等をいう。）の支払事務を取り扱う事務所、事業所その他これらに準ずるものを設けたこと。

二　法人税法（昭和四十年法律第三十

四号）第百四十八条の規定により届出書を提出することとされている者 内国法人（同法第二条第三号に規定する内国法人をいう。）である普通法人（同法第二条第九号に規定する普通法人をいう。）又は協同組合等（同法第二条第七号に規定する協同組合等をいう。）として新たに設立されたこと。

三　法人税法第百四十九条の規定により届出書を提出することとされている者　同条第一項又は第二項に規定する場合に該当することとなったこと。

四　法人税法第百五十条の規定により届出書を提出することとされている者　同条各項に規定する場合のいずれかに該当することとなったこと。

五　消費税法（昭和六十三年法律第百八号）第五十七条の規定により届出書を提出することとされている者　同条第一項第一号に掲げる場合に該当することとなったこと又は同法第十二条の二第一項に規定する新設法人若しくは同法第十二条の三第一項に規定する特定新規設立法人に該当することとなったこと。

2　法人等以外の法人又は人格のない社団等であって**政令で定めるもの**は、**政令で定めるところにより**、その者の商号又は名称及び本店又は主たる事務所の所在地その他財務省令で定める事項を国税庁長官に届け出て法人番号の指定を受けることができる。

（法人番号の通知）

第三十八条　国税庁長官は、法第四十二条第一項の規定により法人番号を指定したときは、速やかに、当該法人番号の指定を受けた者に対し、その旨及び当該法人番号を、これらの事項並びにその者の商号又は名称及び本店又は主たる事務所の所在地その他の**財務省令で定める事項**が記載された書面により通知するものとする。

（届出による法人番号の指定等）

第三十九条　法第四十二条第二項の政令で定める法人等以外の法人又は人格のない社団等は、次に掲げる者（法人番号保有者を除く。）とする。

一　国税に関する法律の規定に基づき税務署長その他行政機関の長若しくはその職員に申告書等を提出する者又はその者から当該申告書等に記載するため必要があるとして法人番号の提供を求められる者

二　国内に本店又は主たる事務所を有する法人

2　法第四十二条第二項の規定による届出は、当該届出をしようとする者について同項に規定する事項（以下この項及び次条において「届出事項」とい

3　前項の規定による届出をした者は、その届出に係る事項に変更があったとき（この項の規定による届出に係る事項に変更があった場合を含む。）は、**政令で定めるところにより**、当該変更があった事項を国税庁長官に届け出なければならない。

う。）が記載された届出書に、当該届出事項を証明する定款その他の**財務省令で定める書類**を添付して行わなければならない。

3　法第四十二条第二項の規定による法人番号の指定は、前項の届出書及びこれに添付された書類、当該届出をした者が申告書等を提出するに際して国税庁長官にした申告又は官公署が法第四十四条第二項の規定により国税庁長官に提供した資料により、当該届出をした者が法人番号保有者でないことが確認された後、速やかに行うものとする。

4　前条の規定は、国税庁長官が法第四十二条第二項の規定により法人番号を指定した場合について準用する。

（変更の届出）

第四十条　法第四十二条第三項の規定による変更の届出は、当該届出をしようとする者の法人番号、その者についての届出事項に変更があった旨、変更後の当該届出事項その他の**財務省令で定める事項**が記載された届出書に、当該変更があった旨を証明する定款その他の**財務省令で定める書類**を添付して行わなければならない。

4　国税庁長官は、**政令で定めるところにより**、第一項又は第二項の規定により法人番号の指定を受けた者（以下「法人番号保有者」という。）の商号又は名称、本店又は主たる事務所の所在地及び法人番号を公表するものとする。ただし、人格のない社団等については、あらかじめ、その代表者又は管理人の同意を得なければならない。

（法人番号等の公表）

第四十一条　法第四十二条第四項の規定による公表は、当該公表に係る法人番号保有者に対し、第三十八条（第三十九条第四項において準用する場合を含む。）の規定による通知をした後（当該法人番号保有者が人格のない社団等である場合にあっては、当該通知をし、及び法第四十二条第四項ただし書の規定による同意を得た後）、速やかに、インターネットを利用して公衆の閲覧に供する方法により行うものとする。

2　国税庁長官は、法第四十二条第四項の規定による公表を行った場合において、当該公表に係る法人番号保有者について、当該公表に係る事項に変更があったとき（この項の規定による公表に係る事項に変更があった場合を含む。）は、**財務省令で定めるところにより**その事実を確認した上で、これらの事項に加えて、速やかに、これらの事項に変更があった旨及び変更後のこれらの事項を前項に規定する方法により公表するものとする。

3　国税庁長官は、法第四十二条第四項の規定による公表を行った場合において、当該公表に係る法人番号保有者について、会社法第二編第九章の規定に

（情報の提供の求め）
第四十三条　行政機関の長、地方公共団体の機関又は独立行政法人等（以下この章において「行政機関の長等」という。）は、他の行政機関の長等に対し、特定法人情報（法人番号保有者に関する情報であって法人番号により検索することができるものをいう。第四十五条において同じ。）の提供を求めるときは、当該法人番号を当該他の行政機

よる清算の結了その他の財務省令で定める事由が生じたときは、**財務省令で定めるところにより**その事実を確認した上で、当該公表に係る事項（前項の規定による公表に係る事項を含む。）に加えて、速やかに、当該法人番号保有者について当該事由が生じた旨及び当該事由が生じた年月日（当該年月日が明らかでないときは、国税庁長官が当該事由が生じたことを知った年月日）を第一項に規定する方法により公表するものとする。

（財務省令への委任）
第四十二条　この章に定めるもののほか、法人番号の指定その他法人番号に関し必要な事項は、**財務省令で定める**。

関の長等に通知してするものとする。

2　行政機関の長等は、国税庁長官に対し、法人番号保有者の商号又は名称、本店又は主たる事務所の所在地及び法人番号について情報の提供を求めることができる。

（資料の提供）

第四十四条　国税庁長官は、第四十二条第一項の規定による法人番号の指定を行うために必要があると認めるときは、法務大臣に対し、商業登記法（昭和三十八年法律第百二十五号）第七条（他の法令において準用する場合を含む。）に規定する会社法人等番号（会社法その他の法令の規定により設立の登記をした法人の本店又は主たる事務所の所在地を管轄する登記所において作成される登記簿に記録されたものに限る。）その他の当該登記簿に記録された事項の提供を求めることができる。

2　前項に定めるもののほか、国税庁長官は、第四十二条第一項若しくは第二項の規定による法人番号の指定若しくは通知又は同条第四項の規定による公表を行うために必要があると認めるときは、官公署に対し、法人番号保有者の商号又は名称及び本店又は主たる事務所の所在地その他必要な資料の提供を求めることができる。

（正確性の確保）

第四十五条　行政機関の長等は、その保有する特定法人情報について、その利用の目的の達成に必要な範囲内で、過去又は現在の事実と合致するよう努めなければならない。

第八章　雑則

（指定都市の特例）

第四十六条　地方自治法（昭和二十二年法律第六十七号）第二百五十二条の十九第一項に規定する指定都市（次項において単に「指定都市」という。）に対するこの法律の規定で**政令で定めるもの**の適用については、区及び総合区を市と、区長及び総合区長を市長とみなす。

2　前項に定めるもののほか、指定都市に対するこの法律の規定の適用については、**政令で特別の定めをすることができる。**

第八章　雑則

（指定都市の区及び総合区に対する法の適用）

第四十三条　法第四十六条第一項の政令で定める法の規定は、法第七条第一項、第三項及び第四項、第八条第三項並びに附則第三条第三項とする。

2　地方自治法（昭和二十二年法律第六十七号）第二百五十二条の十九第一項に規定する指定都市（次条において単に「指定都市」という。）について法の規定を適用する場合には、次の表の上欄に掲げる法の規定中同表の中欄に掲げる字句は、同表の下欄に掲げる字句とする。

（略）

第五章　雑則

第四十八条　地方自治法（昭和二十二年法律第六十七号）第二百五十二条の十九第一項に規定する指定都市（次項において「指定都市」という。）においては、第八条及び第十五条の規定中市長に関する規定は、市の区長及び総合区長に適用する。

2　指定都市についてこの省令の規定を適用する場合には、次の表の上欄に掲げる規定中同表の中欄に掲げる字句は、同表の下欄に掲げる字句とする。

（略）

（指定都市の区及び総合区に対することの命令の適用）

第二十二条　地方自治法（昭和二十二年

（事務の区分）

第四十七条　第七条第一項及び第二項、第八条第一項（附則第三条第四項において準用する場合を含む。）、第十七条第一項及び第三項（同条第四項において準用する場合を含む。）並びに附則第三条第一項から第三項までの規定により市町村が処理することとされている事務は、地方自治法第二条第九項第一号に規定する第一号法定受託事務とする。

（権限又は事務の委任）

第四十八条　行政機関の長は、政令（内閣の所轄の下に置かれる機関及び会計

（指定都市の区及び総合区に対するこの政令の適用）

第四十四条　指定都市においては、第二条第一項、第五条第三項、第七条、第九条及び附則第二条第二項の規定中市長に関する規定は、市の区長及び総合区長に適用する。

2　指定都市についてこの政令の規定を適用する場合には、次の表の上欄に掲げる規定中同表の中欄に掲げる字句は、同表の下欄に掲げる字句とする。

（略）

法律第六十七号）第二百五十二条の十九第一項に規定する指定都市について この命令の規定を適用する場合には、次の表の上欄に掲げる規定中同表の中欄に掲げる字句は、同表の下欄に掲げる字句とする。

（略）

検査院にあっては、当該機関の命令）で定めるところにより、第二章、第四章、第五章及び前章に定める権限又は事務を当該行政機関の職員に委任することができる。

（主務省令）

第四十九条　この法律における主務省令は、内閣府令・総務省令とする。

（政令への委任）

第五十条　この法律に定めるもののほか、この法律の実施のための手続**その他この法律の施行に関し必要な事項は、政令で定める。**

第九章　罰則

第五十一条　個人番号利用事務等又は第七条第一項若しくは第二項の規定による個人番号の指定若しくは通知、第八条第二項の規定による個人番号とすべき番号の生成若しくは通知若しくは第十四条第二項の規定による機構保存本人確認情報の提供に関する事務に従事する者又は従事していた者が、正当な理由がないのに、その業務に関して取り扱った個人の秘密に属する事項が記

（主務省令）

第四十五条　この政令における主務省令は、内閣府令・総務省令とする。

録された特定個人情報ファイル（その全部又は一部を複製し、又は加工した特定個人情報ファイルを含む。）を提供したときは、四年以下の懲役若しくは二百万円以下の罰金に処し、又はこれを併科する。

第五十二条　前条に規定する者が、その業務に関して知り得た個人番号を自己若しくは第三者の不正な利益を図る目的で提供し、又は盗用したときは、三年以下の懲役若しくは百五十万円以下の罰金に処し、又はこれを併科する。

第五十三条　第二十五条の規定に違反して秘密を漏らし、又は盗用した者は、三年以下の懲役若しくは百五十万円以下の罰金に処し、又はこれを併科する。

第五十四条　人を欺き、人に暴行を加え、若しくは人を脅迫する行為により、又は財物の窃取、施設への侵入、不正アクセス行為（不正アクセス行為の禁止等に関する法律（平成十一年法律第百二十八号）第二条第四項に規定する不正アクセス行為をいう。）その他の個人番号を保有する者の管理を害する行為により、個人番号を取得した者は、三年以下の懲役又は百五十万円以下の罰金に処する。

2　前項の規定は、刑法（明治四十年法律第四十五号）その他の罰則の適用を妨げない。

第五十五条　国の機関、地方公共団体の機関若しくは機構の職員又は独立行政法人等若しくは地方独立行政法人の役員若しくは職員が、その職権を濫用して、専らその職務の用以外の用に供する目的で個人の秘密に属する特定個人情報が記録された文書、図画又は電磁的記録（電子的方式、磁気的方式その他人の知覚によっては認識することができない方式で作られる記録をいう。）を収集したときは、二年以下の懲役又は百万円以下の罰金に処する。

第五十六条　第三十七条第二項又は第三項の規定による命令に違反した者は、二年以下の懲役又は五十万円以下の罰金に処する。

第五十七条　第三十八条第一項の規定による報告若しくは資料の提出をせず、若しくは虚偽の報告をし、若しくは虚偽の資料を提出し、又は当該職員の質問に対して答弁をせず、若しくは虚偽の答弁をし、若しくは検査を拒み、妨げ、若しくは忌避した者は、一年以下の懲役又は五十万円以下の罰金に処する。

第五十八条　偽りその他不正の手段により通知カード又は個人番号カードの交付を受けた者は、六月以下の懲役又は五十万円以下の罰金に処する。

第五十九条　第五十一条から第五十五条までの規定は、日本国外においてこれらの条の罪を犯した者にも適用する。

第六十条　法人（法人でない団体で代表者又は管理人の定めのあるものを含む。以下この項において同じ。）の代表者若しくは管理人又は法人若しくは人の代理人、使用人その他の従業者が、その法人又は人の業務に関して、第五十一条、第五十二条、第五十四条又は第五十六条から第五十八条までの違反行為をしたときは、その行為者を罰するほか、その法人又は人に対しても、各本条の罰金刑を科する。

2　法人でない団体について前項の規定の適用がある場合には、その代表者又は管理人が、その訴訟行為につき法人でない団体を代表するほか、法人を被告人又は被疑者とする場合の刑事訴訟に関する法律の規定を準用する。

附　則

（施行期日）

第一条　この法律は、公布の日から起算して三年を超えない範囲内において**政令で定める日**から施行する。ただし、次の各号に掲げる規定は、当該各号に定める日から施行する。

一　第一章、第二十四条、第六十五条及び第六十六条並びに次条並びに附則第五条及び第六条の規定　公布の日

二　第二十五条、第六章第一節、第五十四条、第六章第三節、第六十九条、第七十二条及び第七十六条（第六十九条及び第七十二条に係る部分に限る。）並びに附則第四条の規定　平成二十六年一月一日から起算して六月を超えない範囲内において**政令で定める日**

三　第二十六条、第二十七条、第二十九条第一項（行政機関個人情報保護法第十条第一項及び第三項の規定を

附　則

（施行期日）

第一条　この政令は、法の施行の日から施行する。ただし、次の各号に掲げる規定は、当該各号に定める日から施行する。

一　第一条の規定　公布の日

二　第三十条、第三十一条（法第二十九条第一項の規定により行政機関個人情報保護法第十条第一項の規定を読み替えて適用する場合に係る部分に限る。）及び第三十四条並びに別表第一号、第二号（私的独占の禁止及び公正取引の確保に関する法律第百一条第一項に規定する犯則事件の調査に係る部分に限る。）、第三号、第四号（金融商品取引法第二百十条第一項（犯罪による収益の移転防止に関する法律第三十条において準用する場合を含む。）に規定する犯則事件の調査に係る部分に限る。）、第六号、第七号、第九号、第十一号、

附　則

（施行期日）

第一条　この命令は、法の施行の日から施行する。ただし、第一条から第十一条まで、第十三条から第十八条（住民基本台帳法第三十条の十三、第三十条の十四及び第三十条の十五第二項に係る部分に限る。）まで及び第二十二条（同条の表第十二条第一項の項から第十二条第三項及び附則第二条第三項の項までに係る部分を除く。）並びに次条第一項及び第二項の規定は、法附則第一条第四号に掲げる規定の施行の日から施行する。

（施行期日）

第一条　この省令は、法の施行の日から施行する。ただし、次の各号に掲げる規定は、当該各号に定める日から施行する。

一　第一条、第十七条、第十九条、第三十五条、第三十七条から第三十九

読み替えて適用する部分に限る。）、第三十一条、第六章第二節（第五十四条を除く。）、第七十三条、第七十四条及び第七十七条（第七十三条及び第七十四条に係る部分に限る。）の規定　公布の日から起算して一年六月を超えない範囲内において**政令で定める日**

四　第九条から第十一条まで、第十三条、第十四条、第十六条、第三章、第二十九条第一項（行政機関個人情報保護法第十条第一項及び第三項の規定を読み替えて適用する部分を除く。）から第三項まで、第三十条第一項（行政機関個人情報保護法第十条第一項及び第三項の規定を読み替えて適用する部分に限る。）及び第二項（行政機関個人情報保護法第十条第一項及び第三項の規定を読み替えて適用する部分に限る。）、第六十三条（第十七条第一項及び第三項（同条第四項において準用する場合を含む。）に係る部分に限る。）、第七十五条（個人番号カードに係る部分に限る。）並びに第七十七条（第七十五条（個人番号カードに係る部分に限る。）に係る部分に限る。）並びに別表第一の規定　公布の日から

第十三号、第十六号、第十七号、第二十三号（犯罪による収益の移転防止に関する法律第八条第一項の規定による届出、同条第三項又は第四項の規定による通知、同法第十二条第一項又は第十三条第一項の規定による提供及び同法第十二条第二項の規定による閲覧、謄写又は写しの送付の求めに係る部分に限る。）及び第二十四号の規定　法附則第一条第三号に掲げる規定の施行の日

三　第十条から第十二条まで、第三章、第三十一条（法第二十九条第一項の規定により行政機関個人情報保護法第十条第一項の規定を読み替えて適用する場合に係る部分を除く。）、第三十二条第一項（法第二十九条第一項の規定により行政機関個人情報保護法第十三条第二項の規定を読み替えて適用する場合に係る部分に限る。）、第二項（法第二十九条第一項の規定により行政機関個人情報保護法第二十八条第二項の規定を読み替えて適用する場合に係る部分に限る。）、第三項、第四項（法第二十九条第二項の規定により独立行政法人等個人情報保護法第十三条第二項の規定を読み替えて適用する場合に係

条まで及び第四十八条第二項（同項の表第三十五条第一項の項から第三十七条の項までに係る部分に限る。）の規定　公布の日

二　第三章（第十七条、第十九条及び第三十五条から第三十九条までを除く。）及び第四十八条第二項（同項の表第十八条、第二十二条の二第六号、第二十三条及び第三十三条第四項の項から第三十二条第三項の項まで及び別記様式二の項に係る部分に限る。）の規定　法附則第一条第四号に掲げる規定の施行の日

三　第四章の規定　法附則第一条第五号に掲げる規定の施行の日

起算して三年六月を超えない範囲内において**政令で定める日**

五　第十九条第七号、第二十一条から第二十三条まで並びに第三十条第一項（行政機関個人情報保護法第十条第一項及び第三項の規定を読み替えて適用する部分を除く。）及び第二項（行政機関個人情報保護法第十条第一項及び第三項の規定を読み替えて適用する部分を除く。）から第四項まで並びに別表第二の規定　公布の日から起算して四年を超えない範囲内において**政令で定める日**

る部分に限る。）、第五項（法第二十九条第二項の規定により独立行政法人等個人情報保護法第二十八条第二項の規定を読み替えて適用する場合に係る部分に限る。）及び第六項、第三十三条（法第二十九条第一項の規定により読み替えて適用する行政機関個人情報保護法第十二条の規定により特定個人情報の開示の請求を受けた場合に係る部分に限る。）、第四十三条第二項（同項の表第十七条第一項の項から第十八条第一号の項までに係る部分に限る。）並びに第四十四条第二項（同項の表第十三条第一項の項から第十六条の項までに係る部分に限る。）の規定　法附則第一条第四号に掲げる規定の施行の日

四　第二十条、第二十一条、第四章第二節、第三十二条第一項（法第二十九条第一項の規定により行政機関個人情報保護法第十三条第二項の規定を読み替えて適用する場合に係る部分を除く。）、第二項（法第二十九条第一項の規定により行政機関個人情報保護法第二十八条第二項の規定を読み替えて適用する場合に係る部分を除く。）、第四項（法第二十九条第

（準備行為）
第二条　行政機関の長等は、この法律（前条各号に掲げる規定については、当該各規定。以下この条において同じ。）の施行の日前においても、この法律の実施のために必要な準備行為をすることができる。

（個人番号の指定及び通知に関する経過措置）
第三条　市町村長は、政令で定めるところにより、この法律の施行の日（次項

二項の規定により独立行政法人等個人情報保護法第十三条第二項の規定を読み替えて適用する場合に係る部分を除く。）、第五項（法第二十九条第二項の規定により独立行政法人等個人情報保護法第二十八条第二項の規定を読み替えて適用する場合に係る部分を除く。）、第七項及び第八項並びに第三十三条（法第二十九条第一項の規定により読み替えて適用する行政機関個人情報保護法第十二条の規定により特定個人情報の開示の請求を受けた場合に係る部分を除く。）の規定　法附則第一条第五号に掲げる規定の施行の日

（個人番号の指定及び通知等に関する経過措置）
第二条　第二条第一項の規定は法附則第三条第一項から第三項まで（次条第一

において「施行日」という。）において現に当該市町村の備える住民基本台帳に記録されている者について、第四項において準用する第八条第二項の規定により機構から通知された個人番号とすべき番号をその者の個人番号として指定し、その者に対し、当該個人番号を通知カードにより通知しなければならない。

2　市町村長は、施行日前に住民票に住民票コードを記載された者であって施行日にいずれの市町村においても住民基本台帳に記録されていないものについて、住民基本台帳法第三十条の三第一項の規定により住民票に当該住民票コードを記載したときは、政令で定めるところにより、第四項において準用する第八条第二項の規定により機構から通知された個人番号とすべき番号をその者の個人番号として指定し、その者に対し、当該個人番号を通知カードにより通知しなければならない。

3　市町村長は、住民基本台帳法の一部を改正する法律（平成十一年法律第百三十三号）の施行の日以後住民基本台帳に記録されていなかった者について、同法附則第四条の規定により住民票に住民票コードを記載したときは、政令

項において法附則第三条第三項の規定を準用する場合を含む。）の規定による個人番号の指定について、第二条第二項の規定は法附則第三条第一項から第三項まで（次条第一項において法附則第三条第三項の規定を準用する場合を含む。）の規定による個人番号の通知について、それぞれ準用する。この場合において、第二条第一項中「法第八条第二項」とあるのは、「法附則第三条第四項（附則第三条第一項において準用する場合を含む。）において準用する法第八条第二項」と読み替えるものとする。

2　第七条の規定は法附則第三条第四項（次条第一項において準用する場合を含む。）において準用する法第八条第一項の規定による市町村長からの住民票コードの通知及び個人番号とすべき番号の生成の求めについて、第八条及び第九条の規定は法附則第三条第四項（次条第一項において準用する場合を含む。）において準用する法第八条第二項の規定による個人番号とすべき番号の生成及び通知について、それぞれ準用する。

第三条　法附則第三条第三項及び第四項

で定めるところにより、次項において準用する第八条第二項の規定により機構から通知された個人番号とすべき番号をその者の個人番号として指定し、その者に対し、当該個人番号を通知カードにより通知しなければならない。

4　第七条第三項及び第八条の規定は、前三項の場合について準用する。

5　第一項から第三項までの規定による個人番号の指定若しくは通知又は前項において準用する第八条第二項の規定による個人番号とすべき番号の生成若しくは通知に関する事務に従事する者又は従事していた者が、正当な理由がないのに、その業務に関して取り扱った個人の秘密に属する事項が記録された特定個人情報ファイル（その全部又は一部を複製し、又は加工した特定個人情報ファイルを含む。）を提供したときは、四年以下の懲役若しくは二百万円以下の罰金に処し、又はこれを併科する。

6　前項に規定する者が、その業務に関して知り得た個人番号を自己若しくは第三者の不正な利益を図る目的で提供し、又は盗用したときは、三年以下の懲役若しくは百五十万円以下の罰金に処し、又はこれを併科する。

の規定は、住民基本台帳法施行令の一部を改正する政令（平成二十二年政令第二百五十三号）附則第九条第一項に規定する適用日（以下この項において単に「適用日」という。）前に住民基本台帳に記録されていた同条第一項に規定する外国人住民であって、適用日以後住民基本台帳に記録されていなかったもの又は適用日前に転出届をし、かつ、当該転出届に記載された転出の予定年月日が適用日以後であるもののうち当該転出の日以後住民基本台帳に記録されていなかったものについて、同条第二項の規定により住民票に住民票コードを記載したときについて準用する。

2　前項において準用する法附則第三条第三項の規定及び前項において準用する法附則第三条第四項において準用する法第八条第一項の規定により市町村が処理することとされている事務は、地方自治法第二条第九項第一号に規定する第一号法定受託事務とする。

7　前二項の規定は、日本国外においてこれらの項の罪を犯した者にも適用する。

（日本年金機構に係る経過措置）

第三条の二　日本年金機構は、第九条第一項の規定にかかわらず、附則第一条第四号に掲げる規定の施行の日から平成二十九年五月三十一日までの間において政令で定める日までの間においては、個人番号を利用して別表第一の下欄に掲げる事務の処理を行うことができない。

（委員会に関する経過措置）

第四条　附則第一条第二号に掲げる規定の施行の日から起算して一年を経過する日（以下この条において「経過日」という。）の前日までの間における第四十条第一項、第二項及び第四項並びに第四十五条第二項の規定の適用については、第四十条第一項中「六人」とあるのは「二人」と、同条第二項中「三人」とあるのは「一人」と、同条第四項中「委員には」とあるのは「委員は」と、「が含まれるものとする」とあるのは「のうちから任命するものとする」と、第四十五条第二項中「三人以上」とあるのは「二人」とし、経過日以後経過日から起算して一年を経過する日の前日までの間における第四十条第一項及び第二項並びに第四十五条第二項の規定の適用については、第四十条第一項中「六人」とあるのは「四人」と、同条第二項中「三人」とあるのは「二人」と、第四十五条第二項中「三人以上」とあるのは「二人以上」とする。

（政令への委任）

第五条　附則第二条から前条までに規定するもののほか、**この法律の施行に関し必要な経過措置は、政令で定める。**

（個人番号カードの交付申請書の提出に関する経過措置）

第四条　交付申請者は、附則第一条第三号に掲げる規定の施行の日前においても、第十三条第一項の規定の例により、住所地市町村長に対し、交付申請書の提出を行うことができる。この場合において、交付申請者が同日において現に当該市町村が備える住民基本台帳に記録されている者であるときは、当該交付申請書の提出は、同日において同項の規定によりされたものとみなす。

（法人番号の指定に関する経過措置）

第五条　この政令の施行の日前に、国の機関、地方公共団体及び設立登記法人以外の法人又は人格のない社団等で

（個人番号カードの交付申請書の提出に関する経過措置）

第二条　令附則第三条後段の規定によりされたものとみなされる交付申請書は、第二十三条の例により保存するものとする。

（個人番号カードの暗証番号の届出に関する経過措置）

第三条　交付申請者は、附則第一条第二号に掲げる規定の施行の日前においても、第三十三条第二項前段の規定の例により、暗証番号を住所地市町村長（当該交付申請者が令第十三条第一項後段の規定により交付申請書を提出する場合にあっては、同項後段に規定す

（検討等）

第六条 政府は、この法律の施行後三年を目途として、この法律の施行の状況等を勘案し、個人番号の利用及び情報提供ネットワークシステムを使用した特定個人情報の提供の範囲を拡大すること並びに特定個人情報以外の情報の提供に情報提供ネットワークシステムを活用することができるようにすることとその他この法律の規定について検討を加え、必要があると認めるときは、その結果に基づいて、国民の理解を得つつ、所要の措置を講ずるものとする。

2 政府は、第十四条第一項の規定により本人から個人番号の提供を受ける者が、当該提供をする者が本人であるこ

あって第三十七条各号に掲げる者について、当該各号に定める事実があった場合において、その者が当該各号に規定する規定により届出書を提出したときは、当分の間、その者を当該各号に規定する規定により届出書を提出することとされている者とみなして、同条の規定を適用する。この場合において、同条中「確認された後」とあるのは、「確認された場合には、この政令の施行の日以後」とする。

る経由市町村長を経由して住所地市町村長）に届け出ることができる。この場合において、交付申請者が同日において現に当該市町村が備える住民基本台帳に記録されている者であるときは、当該暗証番号の届出は、同日において第三十三条第二項前段の規定によりされたものとみなす。

とを確認するための措置として選択することができる措置の内容を拡充するため、適時に必要な技術的事項について検討を加え、必要があると認めるときは、その結果に基づいて所要の措置を講ずるものとする。

3　政府は、この法律の施行後一年を目途として、情報提供等記録開示システム（総務大臣の使用に係る電子計算機と第二十三条第三項に規定する記録に記録された特定個人情報について総務大臣に対して第三十条第二項の規定により読み替えられた行政機関個人情報保護法第十二条の規定による開示の請求を行う者の使用に係る電子計算機とを電気通信回線で接続した電子情報処理組織であって、その者が当該開示の請求を行い、及び総務大臣がその者に対して行政機関個人情報保護法第十八条の規定による通知を行うために設置し、及び運用されるものをいう。以下この項及び次項において同じ。）を設置するとともに、年齢、身体的な条件その他の情報提供等記録開示システムの利用を制約する要因にも配慮した上で、その活用を図るために必要な措置を講ずるものとする。

4　政府は、情報提供等記録開示システテ

ムの設置後、適時に、国民の利便性の向上を図る観点から、民間における活用を視野に入れて、情報提供等記録開示システムを利用して次に掲げる手続又は行為を行うこと及び当該手続又は行為を行うために現に情報提供等記録開示システムに電気通信回線で接続した電子計算機を使用する者が当該手続又は行為を行うべき者であることを確認するための措置を当該手続又は行為に応じて簡易なものとすることについて検討を加え、その結果に基づいて所要の措置を講ずるものとする。

一　法律又は条例の規定による個人情報の開示に関する手続（前項に規定するものを除く。）

二　個人番号利用事務実施者が、本人に対し、個人番号利用事務に関して本人が希望し、又は本人の利益になると認められる情報を提供すること。

三　同一の事項が記載された複数の書面を一又は複数の個人番号利用事務実施者に提出すべき場合において、一の書面への記載事項が他の書面に複写され、かつ、これらの書面があらかじめ選択された一又は複数の個人番号利用事務実施者に対し一の手続により提出されること。

5　政府は、給付付き税額控除（給付と税額控除を適切に組み合わせて行う仕組みその他これに準ずるものをいう。）の施策の導入を検討する場合には、当該施策に関する事務が的確に実施されるよう、国の税務官署が保有しない個人所得課税に関する情報に関し、個人番号の利用に関する制度を活用して当該事務を実施するために必要な体制の整備を検討するものとする。

6　政府は、適時に、地方公共団体における行政運営の効率化を通じた住民の利便性の向上に資する観点から、地域の実情を勘案して必要があると認める場合には、地方公共団体に対し、複数の地方公共団体の情報システムの共同化又は集約の推進について必要な情報の提供、助言その他の協力を行うものとする。

（住民基本台帳法の一部改正に伴う法第十六条の主務省令で定める書類等に関する経過措置）

第二条　行政手続における特定の個人を識別するための番号の利用等に関する法律の施行に伴う関係法律の整備等に関する法律（平成二十五年法律第二十八号）第二十条第一項の規定によりな

お従前の例によることとされた住民基本台帳カード（当該住民基本台帳カードの交付を受けている者の写真が表示されたものに限る。次項及び第三項において「住民基本台帳カード」という。）の交付を受けている者から個人番号の提供を受ける個人番号利用事務等実施者についての第一条第一項、第二条及び第七条第一項の規定の適用については、第一条第一項第一号中「運転免許証」とあるのは「行政手続における特定の個人を識別するための番号の利用等に関する法律の施行に伴う関係法律の整備等に関する法律（平成二十五年法律第二十八号）第二十条第一項の規定によりなお従前の例によることとされた住民基本台帳カード、運転免許証」と、第二条第一号中「前条」とあるのは「附則第二条第一項の規定により読み替えて適用する前条」と、第七条第一項第一号中「第一条」とあるのは「附則第二条第一項の規定により読み替えて適用する第一条」とする。

2　住民基本台帳カードの交付を受けている者に対して法第十七条第一項の規定により個人番号カードを交付する市町村長についての第一条第二項、第五条第一項、第十五条及び第十六条第一項の規定の適用については、第一条第二項第一号中「前項」とあるのは「行政手続における特定の個人を識別するための番号の利用等に関する法律の施行に伴う関係法律の整備等に関する法律（平成二十五年法律第二十八号）第二十条第一項の規定によりなお従前の例によることとされた住民基本台帳カード（以下「住民基本台帳カード」という。）、前項」と、同項第二号及び第三号イ中「前項」とあるのは「住民基本台帳カード、前項」と、第五条第一項第二号及び第十五条中「第一条」とあるのは「附則第二条第二項の規定により読み替えて適用する第一条」と、第十六条第一項第一号中「第一条」とあるのは「住民基本台帳カード、第一条」とする。

3　住民基本台帳カードの交付を受けている者から個人番号指定請求書の提出を受ける市町村長についての第十二条第一項及び第二項の規定の適用については、同条第一項中「特別永住者証明書」」とあるのは「運転免許証」とあるのは「行政手続における特定の個人を識別するための番号の利用等に関する法律の施行に伴う関係法律の整備等に関する法律（平成二十五年法律第二十八号）第二十条第一項の規定によりなお従前の例によることとされた住民基本台帳カード、運転免許証」と、「特別永住者証明書」」と、「前条」とあるのは「第十二条第一項」とあるのは「前条」とあるのは「附則第二条第三項の規定により読み替えて適用する第十二条第一項」と、同条第二項中「第七条第一項第一号中」とあるのは「第七条第一項第一号中「又は」とあるのは「、行政手続における特定の個人を識別するための番号の利用等に関する法律の施行に伴う関係法律の整備等に関する法律（平成二十五年法律第二十八号）第二十条第一項の規定によりなお従前の例によることとされた住民基本台帳カード又は」と、」とする。

（地方消費税の譲渡割に関する特定個人情報の提供に係る特例）

第三条　地方税法附則第九条の四の規定の適用がある場合には、第十九条の規定の適用については、同条中「又は第七百四十四条」とあるのは、「、第七百四十四条又は附則第九条の十三第一項若しくは第二項」とする。

（地方税法の一部改正に伴う経過措置）

別表第一（略）

別表第二（略）

別表（第二十六条、第三十四条関係）

一～二十六（略）

第四条 地方税法の一部を改正する法律（平成二十五年法律第三号）附則第一条第三号に掲げる規定の施行の日前における第十九条の規定の適用については、同条中「第五十三条第四十項若しくは第四十一項」とあるのは「第五十三条第四十六項若しくは第四十七項」と、「、第七十二条の二十五第二項」とあるのは「、第六十五条の二第一項から第三項まで、第七十二条の二十五第二項」とする。

別記様式第1（略）

別記様式第2（略）

2016 住民行政の窓号外

窓口実務必携！
住民基本台帳法・マイナンバー法 関係法令三段表

定価：3, 200 円（税別）

平成28年４月10日　発行

編集協力　市町村自治研究会
編　　集　住民行政の窓編集部
発行者　尾　中　哲　夫

発行所　日本加除出版株式会社
本　社　郵便番号 171－8516
東京都豊島区南長崎３丁目16番６号
ＴＥＬ（03）3953－5757（代表）
（03）3952－5759（編集）
ＦＡＸ（03）3953－6612
ＵＲＬ http://www.kajo.co.jp/

営業部　郵便番号 171－8516
東京都豊島区南長崎３丁目16番６号
ＴＥＬ（03）3953－5642
ＦＡＸ（03）3953－2061

組版・印刷　㈱亨有堂印刷所　／　製本　㈱倉田印刷

ISBN978-4-8178-4299-2 C2032 ¥3200E
ISSN1340-6612